책으로
나를
브랜딩하라!

책으로 나를 브랜딩하라!

초판 1쇄 2023년 09월 20일

지은이 이선영 | **펴낸이** 송영화 | **펴낸곳** 굿웰스북스 | **총괄** 임종익

등록 제 2020-000123호 | **주소** 서울시 마포구 양화로 133 서교타워 711호

전화 02) 322-7803 | **팩스** 02) 6007-1845 | **이메일** gwbooks@hanmail.net

© 이선영, 굿웰스북스 2023, *Printed in Korea*.

ISBN 979-11-7099-015-4 03190 | **값 17,500원**

10주 만에 완성하는 책 쓰기

책으로
나를
브랜딩하라!

이선영 지음

굿웰스북스

1인 기업 전성시대, 당신은 무엇을 파는가?

날려버리겠다. 완전 정신 못 차리게 여러 대 맞고 날아가버릴 준비하시라.

뭘 날려버리고, 뭘 준비하라는 거냐고? '책은 성공한 사람이나 쓰는 거야.', '글 잘 쓰는 사람은 따로 있어.', '나는 못해.'라는 당신의 이상한 생각을 날려버리겠다는 것이다.

바야흐로 1인 기업 전성시대다. 많은 사람들이 자신만의 노하우와 경험을 판매하고, 지식 콘텐츠를 생산한다. 지식정보화시대에 완전히 접어든 것이다. 예전처럼 대량 생산보다는 사람들의 니즈와 사회의 흐름에 맞춰 그때그때 맞춤식 상품들도 등장하고 있다. 천편일률적인 상품이 아니라 나만의 고유한 것을 추구하는 시대의 흐름에 발맞춘 것이다.

이제 상품을 만드는 기업보다는 판매자가 대우받는다. 판매자는 누구나 될 수 있다. 공동구매를 할 수도 있고, 저렴한 비용으로 상품을 소싱해서 판매할 수도 있고, 위탁판매를 할 수도 있다. 내가 제품을 만들 수도 있고, 내 지식과 경험, 노하우를 팔수도 있다. 네트워크 회사 상품을 판매할 수도 있다.

앞으로 모든 사람들은 무언가를 파는 사람이 될 것이다. 무언가를 팔아야 돈을 벌수 있다. 우리는 모두 파는 사람들이다. 여기서 중요한 것은 '상품'이 아니다. 그 상품을 파는 '사람'이다. 그 사람이 누구냐에 따라 사람들이 지갑을 연다.

즉, '브랜드'가 된 사람이냐 아니냐의 차이인 것이다. 이 브랜드는 찐팬을 만드는 데 있다. 글 첫머리만 봐도 안다. 저 사람이 내게 무언가를 판매하려고 하는지, 정보를 전달하려고 하는지. 너무 많은 정보와 지식의 홍수 속에서 내 결과 맞고 내게 필요한 것을 콕콕 집어서 알려주는 사람, 수많은 정보를 정리해서 내게 맞춤으로 알려줄 수 있는 사람, 내가 지금 필요로 하는 것, 내 문제를 해결해줄 수 있는 사람을 찾는다. 그리고 그런 사람은 대부분 자신의 스토리를 판매한다.

세상에 같은 경험을 한 사람은 없다. 비슷한 경험을 하더라도 그 속에서 내가 생각하는 바가 다르다. 그 이야기를 풀어 쓰는 것만으로도 브랜딩이 된다.

직장 내 따돌림, 가스라이팅, 가족과의 불화, 관계의 불협화음, 자꾸만 내게 요구하는 이 사회 등 내가 생각하는 것을 솔직하게 쓰고 드러내는 사람들에게 열광한다. 나도 그렇다며 공감하고, '좋아요'를 누르고 '팔로우'를 한다. 그리고 그 사람이 판매하는 콘텐츠를 구매한다. 나도 그렇게 되고 싶고 따라하고 싶은, '팬'이 되는 것이다.

연예인만 팬이 있는 것이 아니다. 누구나 팬을 만들고, 브랜드가 될 수 있다. 바로, 나만이 할 수 있는 '이야기'로. 이야기는 모든 사람들에게 있다. 다만 그 이야기를 어떻게 풀어야 할지 방법을 모르고, 실행을 하지 않을 뿐이다. 이야기를 들려주는 방법으로는 영상, 글, 음성 3가지가 있다. 이 모든 것들이 다 되는 곳이 있다. 바로 인스타. 인스타는 짧은 영상과, 카드뉴스, 캡션, 음성을 모두 업로드 할 수 있다. 짧게 내 생각을 표현할 수 있다.

그런데 이 인스타의 모든 콘텐츠가 실은 '글쓰기' 능력에 달려 있다. 내가 하는 말, 콘텐츠가 모두 글로 시작한다. 결국, 글쓰기 능력이 돈을 벌어다 주는 것이다. 이러니저러니 해도 브랜딩의 가장 최적의 무기는 글쓰기다. 그리고 그 글을 모두 모아 책으로 냈을 때 어마어마한 화력을 자랑한다. 나를 단번에 '전문가'로 만들어준다.

SNS에 올린 글들을 엮어서 주제와 콘셉트에 맞춰 탈탈탈 탈고해서 책으로 내도 좋다. 꾸준히 쓴 글이 모이면 하나의 책이 된다. SNS에 쓰면 그냥 '글'인데 엮어서 책으로 내면 '브랜드'가 된다. 물론, SNS에 올린 글들이 나를 브랜딩 시켜주기도 한다. 칼럼형식으로 발행해 칼럼을 보기 위해 팔로우하고 찐 팬이 되기도 한다.

거기서 더 나아가 책으로 내면 어떻게 될까? SNS를 하지 않는 사람들까지 모두 내 팬으로 만들 수 있다. 자수성가청년, 자청은 2019년 유튜브로 엄청난 인기를 얻었지만, 2022년 『역행자』 책을 통해 더 많은 사람들에게 이름을 알렸고, 그로 인해 유튜브 조회 수가 더 늘기도 했다.

책은 무언가를 해낸 사람, 완성된 사람, 성공한 사람만이 쓰는 것이 아니다. 어느 정도 반열에 오른 사람도 책을 통해 더 크게 성장하기도 하고, 아무것도 아닌 찌질이 못난이도 책을 써서 성공하기도 한다.

이 책에서는 단순히 책을 쓰는 방법을 얘기하지 않는다. 책 쓰는 방법, 책 출간하는 방법은 유튜브와 SNS에 널렸다. 조금만 발품을 팔면 쉽게 정보를 얻을 수 있다. 하지만 '내게 맞는 책 쓰기 법'은 없다. 그래서 나는 무엇을 써야 하는가에 대한 답은 없다.

"내가 책을 내면 장편 대하소설은 거뜬히 나와."라고 말하지만 실상 책 쓸거리가 없어서 못 쓰겠다고 하는 사람들도 많다. 내 속에 든 대하소설의 한 부분을 어떻게 끄집어내서 나를 브랜딩하는 글을 쓸 수 있을까?

10주 동안 하나씩 미션을 수행하면서 써보자. 당신도 당신의 책을 가질 수 있다.

3장 글쓰기 편 (8주) : 내 글에 매력을 담아라

4장 퇴고 편 (9~10주) : 출판계약 확률 높이는 퇴고법과 출판계약 방법

3부   내 책 잘 팔리는 7가지 비법

1부

오늘부터 나는
'책 쓰기'로
브랜드가 되기로 했다

오늘부터 나는 '책 쓰기'로
브랜드가 되기로 했다

많은 사람들의 꿈, 책 한 권 쓰기. 내 꿈도 그랬다. 어릴 적 꿈은 소설가였다. 중학생까지는 친구들과 릴레이 소설을 쓰기도 했고, 혼자 쓰기도 했다. 그림 실력은 젬병이면서 만화가가 되고 싶어서 혼자서 스토리를 짜고 그려보기도 했다.

그런데 고등학교로 올라가면서부터는 그게 안 됐다. 명문 고등학교에 입학했더니 오로지 공부, 공부, 공부만 해야 했다. 공부만 해도 뒤에서 10등 안팎이었다. 그렇게 대학을 진학하고, 취업하면서 글쓰기와 점점 더 멀어졌다. 책과도 멀어졌다.

그러다 우연히, 정말 우연히 26세에 조금 일찍 치과 실장이 되면서 각종 세미나와 공부를 하며 성장하기 시작했고, 책도 읽기 시작했다. 20대 후반이 되면서 서른이 오기 전 무언가를 이루고 싶었다. 그때 우연히 읽은 책 한 권이 내 인생을 바꿨다. 『여자라면 힐러리처럼』 이지성 작가의 책을 읽고 그토록 혐오하고 싫어하던 자기계발서에 빠져들었다.

자기계발서는 다 아는 얘기만 하는 재미없고 지루한 책이라고만 생각했다. 막상 읽어보니 내 생각과 완전히 달랐다. 물론 '새벽기상, 열심히 살아라, 하면 된다.' 등의 기본적인 골자는 같았다. 하지만 그렇게 하기 위한 방법론적인 것들을 알려주고 할 수 있다고 동기부여를 해주니 나도 할 수 있다는 자신감이 생겼다.

그렇게 자기계발서 책을 매달 20권씩 사서 읽었다. 혼자 사는 원룸 방에 책이 가득 채워졌다. 보기만 해도 배가 불렀다. 20대 내내 책 한 권 안 읽고 멀리했던 내가 갑자기 책을 사 모으기 시작하니 주변에서 이상하게 보였나 보다. 직장동료들도 관심을 보이더니 내 책을 빌려 보고, 같이 읽기 시작했다. 심지어 원장님도 내 책을 빌려 보셨다. 직장에 '책 읽기' 열풍이 불었다.

한참 책을 읽은 지 1년, 문득 '나도 책을 쓰고 싶다.'라는 생각이 들었다. 분명 책 쓰는 방법을 배울 수 있을 것이라고 생각하고 무작정 초록창에 검색을 했다. 딱 3군데가 떴다. 하나하나 다 들어가 보고 책 쓰기 특강에 모두 등록했다. '책 쓰기' 책도 10여 권 사서 읽어보았다.

책에서는 쉽게 설명하지만 쉽지 않았다. 알 듯하면서도 시작이 어려웠다. 첫 문장 쓰는 게 어려웠다. 어떻게 시작해야 할지도 모르겠고 이게 맞는지도 확신이 없었다. 특히 주제 선정, 콘셉트 잡는 게 어려웠다.

또 1년을 그냥 흘려보냈다. 29세 후반, 더 이상 미루면 안 될 것 같아서 그동안 눈팅하면서 눈여겨본 곳에 일단 책 쓰기 과정을 등록했다. 그리고 배웠다. 글 쓰는 방법을. 아니, 책 쓰는 방법을. 단순히 글 쓰는 방법과 책 쓰는 방법은 달랐다. 출판사의 눈에 띄려면, 독자의 선택을 받으려면 주제 선정부터 기획, 목차, 제목까지 철저하게 만들어야 했다.

그렇게 첫 책을 29세에 쓰기 시작했고, 30세에 출간된 『20대, 발칙한 라이프 쫄지 말고 당당하게』는 대학생들에게 큰 인기를 끌면서 대학교에 초청받아 강의를 했다. 첫 책을 쓸 때까지만 해도 평범한 병원의 중간관리자로 있었는데 책을 쓰면서 강사활동과 병원 컬설팅 활동으로 역량이 확장되어갔다.

두 번째 책 『1인 창업이 답이다』를 쓰면서 월 매출 1,000만 원을 달성했고, 1,000~2,000만 원의 수익을 꾸준히 얻을 수 있었다. 코엑스에서 '머니쇼' 강의 요청도 받고, 여성중앙 등 각종 잡지사와 신문사, IBK은행 칼럼요청들이 쇄도했고, 독자들의 메일도 정말 많이 받았다. 연이어 『병원 매출 10배 올리는 절대법칙』을 출간하면서 병원에 단체로 책을 구입해서 읽고 강의 및 컨설팅 요청이 들어왔고, 컨설팅 비용이 부르는 게 값이 되었다.

처음 시작은 그저 '책 한 권 써보고 싶어서'가 다였다. 원래 꿈이기도 했고, 20대에 치열하게 살아온 내 스토리를 들려주고 싶었다. 너희도 그렇게 살 수 있다고, 꿈을 가지라고, 할 수 있다고 20대란 그것만으로도 참 아름답다고 얘기해주고 싶었다. 그랬던 시작이 나중에는 내 가치를 높이고 브랜딩해서 기회를 확장해가는 것으로 목표가 바뀌었다. 실제로 책으로 브랜딩되면서 더 많은 기회를 얻을 수 있었다.

이 책을 읽고 있는 당신은 왜 책을 쓰고 싶은가? 나의 첫 시작처럼 출간이 목적인가? 아니면 따박따박 들어오는 인세가 목적인가? 그것도 아니면 내 가치를 높여 기회를 만드는 것이 목적인가? 책을 쓰는 이유와 목적을 명확히 해보자. 그에 따라 글 쓸 주제와 방향성이 달라진다.

많은 사람들이 오해하는 것 중 하나가 '인세로 평생 먹고 산다.'이다. 인세로 평생 먹고 살려면 베스트셀러, 스테디셀러 작가로 100만 부 이상은 팔려야 한다. 책값이 13,000원이라고 하면 보통 7~10%가 인세다. 10%로 잡아도 1,300원이다. 종이 값 상승과 책을 사보지 않는 경향에 따라 1,000부~1,500부를 초판으로 찍는데 1,000부라고 하면 겨우 130만 원이다. 대부분이 초판에 그치고, 쇄를 더해서 10쇄라고 하더라도 1,300만 원이다. 평생 먹고 살기에는 부족하다.

매달 한 권씩 꾸준히 책을 낸다면 모를까 인세만으로는 살 수 없다. 내가 전문 작가가 꿈이 아닌 이상 목표를 다시 설정해야 한다. 책은 나를 전문가로 만드는 가장 빠르고 쉬운 방법이다. 물론 책을 쓰는 과정이 녹록지 않지만, 10주간 초집중하면 책 한 권 거뜬히 쓸 수 있다. 그렇게 쓴 책은 날개를 달고 나 대신 전국, 전 세계를 날아다니며 나를 홍보해준다. 책을 쓰는 것이 쉽지 않기에 책을 내면 '전문가'로 인정해주는 것이다. 최소한 그 분야에 대한 공부를 집중적으로 해야만 낼 수 있는 게 책이니까.

책을 쓰면서 배우게 된다. 암묵지 같은 내 지식과 경험들이 글로 정리하면서 형식지가 된다. 정리된 글은 그 자체만으로도 가치가 있다.

나는 무엇을 쓰고 싶은가? 책을 써서 어떤 것을 얻고 싶은가? 꼭 수익화가 목적이 아니어도 좋다. 나와의 대화를 통해 나 스스로 힐링하고, 나아가 나와 비슷한 사람들, 같은 고민을 하는 사람들에게 도움을 주기 위해 쓸 수도 있다. 다른 사람들의 문제를 해결해주기 위한 실용서를 쓸 수도 있다.

나는 당시 병원 컨설팅 회사를 운영하고 있었고, 병원서비스에 대한 정보와 함께 내 컨설팅을 홍보하는 데 목적이 있었다. 실제로 꿈을 이루었고, 목표를 이룰 수 있었다. 지금은 책 쓰기 과정, 브랜딩 환골탈태 과정, 똑게리더의 부자습관 만들기, 그림책 만들기 과정을 운영하면서 단순히 책을 쓰는 것에서 '책을 통해 브랜딩'해서 나를 판매할 수 있도록 돕는다. 책은 수단인 것이다. 어떤 것이 목적이냐에 따라 내 책의 방향성과 콘셉트가 달라진다.

　무엇을 쓸 것인가? 종이에 적어보자. 종이에 적는 순간, 내 글은 더 명확해진다.

글쓰기는 재능이 아니라 스킬이다!

"난 글은 진짜 못 쓰겠어. 글은 재능이 있어야 하는 거야."
"와 책을 쓰다니. 글 쓰는 데 소질이 있나 보다."

첫 책을 썼을 때 주변 사람들의 반응이었다. 많은 사람들이 글쓰기는 어휘력이 풍부하고 재능이 있는 사람만이 쓸 수 있는 것이라고 생각한다. 나도 그랬다. '과연 내가 책을 쓸 수 있을까?' 걱정도 되고 자신도 없었다.

그랬던 내가 책 쓰기 책을 여러 권 읽고, 책 쓰기 특강을 듣고, 과정을 등록하고 그냥 따라만 갔더니 책이 나왔다. 물론 돈을 들이지 않고도 쓸 수 있다. 하지만 방법을 알면 좀 더 쉽다. 서론, 본론, 결론 쓰는 방법부터 각색, 인용까지 스킬을 알면 누구든지 쉽게 쓸 수 있다. 그중에서 핵심은 내 책의 콘셉트와 방향성, 그에 따른 제목과 목차다. 제목과 목차만 완성되면 책 쓰기의 50%는 완성이다.

그렇다. 목차가 있고 그 목차에 어떤 내용으로 풀어갈 것인지, 흐름을 모두 내가 만든 것이라면 이후 글쓰기는 쉽다. 뼈대가 완성되고 거기에 살만 붙이면 된다.

내 첫 책 『20대, 발칙한 라이프, 쫄지말고 당당하게』의 목차는 내가 만든 게 아니다. 목차캠프라는 곳에 가서 만드는 법을 배우고 1박 2일 동안 열심히 만들었지만 결과물을 만들지 못했다. 그저 '책을 쓰고 싶다.'라고만 생각했지 어떤 책을 어떤 방식으로, 어떻게 이야기를 풀어나갈지 내 머릿속에 그리지 못했다. 너무나 막막했다. 아무리 붙들고 있어도 좋은 목차가 나오지 않았고, 결국 만들어주신 목차를 선물받았다.

제목과 목차는 정말 너무 좋았다. 완벽했다. 하지만 그렇게 만들어진 제목과 목차는 내게 너무 낯설었다. 내가 내 스토리를 담아서 만든 게 아니라 잘 만들어진 것에 내 스토리를 담아야 하는 반대의 상황이 온 것이다. 하지만 써야했다. 이미 들인 돈이 상당했으니까. 돈이 아까워서라도 써내야만 했다.

그렇게 시작한 첫 책은 정말 고통의 연속이었다. 무슨 글을 담아야 할지 몰라서 초고 쓰는 4개월 동안 여기저기 검색하면서 '좋은 글'을 찾아 헤매는 데만 거의 대부분의 시간을 투자했다. 그러니 진도가 안 나갈 수밖에! 겨우겨우 초고를 쓰고 나니 내 글이 꼴도 보기 싫어졌다. 던져버리고 9개월 동안 책도 한 자 읽지 않았다. 모든 책들이 싫고 토할 것 같았다.

　9개월 동안 신나게 놀기만 하다가 마음 한편에 짐처럼 놓여 있는 내 첫 책을 다시 꺼내들었다. 그래! 이왕 썼는데 세상에 빛을 보게 해주자! 한 달간 초집중해서 5번의 탈고를 하고 투고했다. 연락은 한 통도 오지 않았다. 간혹 걸려온 전화는 자비 출판사였다. 돈을 내고 출간해야 하는 것이었다. 이미 돈을 내고 배웠는데 돈을 또 낼 순 없었다. 다시 100개의 출판사를 수집해 투고했다.

　2주일의 시간이 흘렀을까? 한 군데에서 연락이 왔다. 어찌나 기쁘던지! 내가 투고한 출판사는 아니었고 친구 출판사에 놀러왔다가 던져져 있는 내 글을 보고 연락을 했단다. 이유야 어찌되었든 그저 감사했다. 내 첫 책 『나쁜 여자가 성공한다』 가제에서 『20대, 발칙한 라이프 쫄지 말고 당당하게』로 바뀌어 세상에 나왔다.

　첫 책이 나왔지만 여전히 나는 그 책이 싫었다. 정이 가지 않았다. 아마도 내가 썼지만 스스로 생각하고 기획한 것이 아니라서 그런 것이리라. 조금 어설프지만 내가 어떤 삶을 살아왔는지 되돌아보고 어떤 이야기를 들려주고 싶고, 나누고 싶은지 단 하루라도 깊이 생각해보고 글로 써봤다면 달라졌을 것이다.

우리는 그동안 글 쓰는 방법을 제대로 배우지 못했다. 어릴 때부터 주입식교육만 받아왔고 생각과 표현의 자유를 누리지 못했다. 그저 언어는 '소통의 도구'로만 사용되어왔을 뿐 '표현의 도구', '상상의 산물', '나를 드러내는 도구'로서는 배우지 못했다. '언어' 과목이 있지만 글을 쓰는 방법을 배우고 자신의 생각을 마음껏 표현할 수 있는 시간을 가지지 못했다. 그저 잘 만들어지고, 잘 써진 글을 분석하고 작가의 생각을 적어보는, 이른바 논술대비를 위한 글쓰기만 해왔다. 그러니 자신의 생각을 마음껏 펼치는 글쓰기가 부담스럽고 힘이 들 수밖에!

사실 태어나면서부터 지금까지 우리는 늘 언어와 함께 해왔다. 언어 없이는 살아갈 수 없다. 하다못해 인터넷으로 필요한 물품을 주문할 때도 언어와 글을 알아야 읽고 클릭할 수 있다. 글은 우리의 삶과 떼려야 뗄 수 없는 관계인 것이다. 다만 그 글을 문자 그대로 '글'로만 인식하고 나도 글을 쓸 수 있다는 생각을 하지 못한다는 게 안타깝다. 배우지 못했기에 지금이라도 제대로 배워서 글쓰기의 기쁨을 누렸으면 좋겠다.

맞춤법에 대한 인식도 깨자. 반드시 맞춤법을 잘 맞추어야 한다는 생각에서 벗어나자. 맞춤법을 교정해주는 사이트도 있고 한글에서도 F8을 누르면 어느 정도 교정해준다. 출판사에서도 친절하게 고쳐준다. 물론 이렇게 3번에 걸쳐서 교정교열을 해도 잘못된 맞춤법이 나오기도 한다. 하지만 그게 그 책을 읽는 데 아무런 지장을 주지 않는다. 내용이 훌륭하면 맞춤법은 추후에 재판할 때 수정도 가능하다. 중요한 건 내 이야기를 얼마나 매혹적으로 잘 쓰느냐이다.

누구나 자신만의 이야기가 있다. 같은 경험이라도 모두 느끼는 바가 다르다. 같은 것을 바라봐도, 같은 음악을 들어도 각자 생각이 다르다. 나만의 경험, 노하우, 지식을 정리해보자. 뼈대를 만들고 글을 쓰자. 그러면 책이 된다.

우리가 처음 걸음마를 했을 때도 재능이 있어서 한 건 아니었다. 그저 걸었다. 본능처럼. 자전거를 배울 때도 넘어지면서 배웠다. 어릴 때는 그게 당연했다. 그런데 성인이 되어서 자전거를 배우려는 사람들은 넘어질까 봐 '무서워서' 배우지 못한다. 글쓰기도 나는 못할 것이라는 '두려움' 때문에 쓰지 못한다. 어렵게 생각하지 말자. 일단 써야 한다. 쓰다 보면 써진다.

글쓰기는 절대 재능이 아니다. 글 못 쓰는 게 당연한 삶을 살아왔다. 이제, 글쓰기 방법을 배워야 할 때이다.

글쓰기는 스킬이다. 방법을 알고 엉덩이 힘만 기른다면 당신도 글을 쓸 수 있다.

성공해서 책 쓰는 게 아니라, 책을 써서 성공한다

아직도 전문성이 빛나는 졸업장에서 나온다고 생각하는 사람들이 많다. 유명 대학 이름을 말하면 "우와!" 하며 환호성을 지른다. 물론 명문 학교는 얼마만큼 노력을 했는지 알 수 있는 척도가 되어주기에 당연한 일이다. 하지만 '학위 = 성공한 사람'이라는 공식은 맞지 않다.

너무 많은 사람들이 대학을 나온다. 웬만하면 4년제 대학이다. 석사, 박사도 즐비하다. 그런데 그 석사, 박사들이 모두 다 성공했는가? 아니다. 오히려 공부한 만큼 성과를 얻지 못해 뭘 해먹고 살아야 하나 이리 저리 먹이를 찾아 헤매는 사람들도 많다. 아마도 향후 몇 년 안에 대학을 가지 않고 자신의 재능을 찾아 '나만의 업'에 뛰어드는 사람들이 점점 더 늘어날 것이다.

직업이 변하고, 시대가 변해도 변하지 않는 것이 하나 있다. 바로 책의 가치다. 종이책에서 전자책으로 형식이 옮겨갈 수는 있지만 본질은 변하지 않는다. 책은 나를 브랜딩해주고 나를 전문가로 만들어주는 강력한 무기다.

꼭 전문가가 아니어도, 성공한 사람이 아니어도 글을 쓸 수 있다. 코칭을 하다 보면 정말 많은 사람들을 만난다. 50~60대 정도 나이 들어서 인생을 알 나이쯤 돼야 책 쓸 수 있는 것 아니냐는 사람, 무언가 이룬 것도 없는 내가 어떻게 책을 쓸 수 있냐고 반문하는 사람, 일단 지금 하고 있는 것부터 어느 정도 궤도에 올려놓고 써보겠다고 하는 사람 등. 책 쓰기를 미루는 이유들이 차고 넘친다.

그런데 그건 그냥 핑계다. 오히려 성공하기 위해 바쁘게 살다 보면 먹고살 궁리하고 이것저것 배우느라 더 바쁘다. 글 쓸 시간은 여전히 나지 않는다. 글 쓸 시간은 따로 만드는 것이 아니다. 그저 매 순간 숨을 쉬고, 밥을 먹고, 화장실을 가는 것처럼 써야 한다.

글을 쓸 때 내가 가장 자신 있는 분야부터 써보자. 지금 회사에 다니고 있다면 그 회사에서의 내 업무 중 알려줄 수 있는 것부터 시작해보는 것이다. 예를 들어 회사업무를 쉽게 공유하기 위한 툴로 '노션'을 쓰면서 노하우가 쌓인 사람이 있다고 하자. 노션 가입부터 만드는 법, 활용하는 법을 주제로 잡고 커리큘럼을 짜본다. 그리고 목차 순서대로 글을 쓰는 것이다. 이때 무료로 자료를 제공하면 더욱 좋다. 예를 들어 '노션으로 부서별 자료 공유하는 법', '노션으로 재고 정리하는 법' 등을 툴과 함께 전자책이나 VOD영상을 무료로 제공하는 것이다. 쓰다 보면 어느 순간 '노션의 신'이 되어 있는 나를 발견할 수 있다.

노션의 모든 것을 다 잘 알고 완벽해야지만 글을 쓸 수 있는 것이 아니다. 내가 알고 있는 지식과 경험을 나누다 보면 오히려 깊이가 깊어지고 더 잘 알게 된다. 그리고 글을 쓰면 글은 날개를 달고 인터넷망을 통해 여기저기 날아다닌다. 우연히 검색을 하다가 내 글을 본 사람들은 나를 노션 전문가로 인식하게 된다. 전문가만 글을 쓰는 것이 아니라, 글을 써서 전문가가 되는 것이다. 내 경험이 생각을 만들고, 생각이 행동으로 이어지면 그 행동으로 변화가 일어난다. 경험을 통한 내 생각을 글로 쓰고 말로 표현하자. 눈앞의 세상이 다르게 펼쳐질 것이다.

책에 쓸 프로필이 약해서 걱정인 사람도 걱정할 필요가 없다. 프로필은 만들면 된다. 시간관리가 잘 안 되던 내가 이제부터 시간관리를 제대로 해보겠다고 다짐하고 여러 시간관리 책을 보고 실행했다고 하자. 하다 보니 잘 안 돼서 늦잠을 자기도 하고, 새벽에 일어나려고 밤에 일찍 자는 습관을 들이기 위해 매일 저녁 마시던 술을 끊어도 보고, 가벼운 운동으로 몸을 가볍게 하고 잤더니 오히려 건강해지는 모습도 보면서 시행착오를 겪은 내 이야기를 책으로 써볼 수 있다.

시간관리에 타고난 시간관리 전문가만이 글을 쓸 수 있는 것은 아니다. '당신도 시간관리 잘할 수 있어요.', '새벽기상, 어렵지 않아요.'라는 메시지를 주기 위해서는 오히려 프로보다는 아마추어가 낫다. 실패한 경험담을 통해 '나도 할 수 있겠다.'라는 힘을 줄 수 있다. 책을 쓴 당신의 프로필에는 이렇게 쓰일 것이다. 시간관리연구소장 홍길동.

이제 막 강사가 되어서 강사로 성장하기 위해서 배우고, 수강생들에게 안 좋은 피드백도 받아보고, 넘어지고 깨져가면서 성장한 스토리를 글로 쓸 수도 있다. 딱 1~2년 정도 되어서 이제 좀 무언가 알 것 같을 때 글을 쓰면 오히려 초보강사, 막 시작하려는 강사들에게 동기부여가 될 수 있다. 실제 자신의 경험담을 담아서 '스타트 강사 연구소장'이라는 이름을 달고 글을 쓴다면 스타트 강사들은 책을 읽고 배우기 위해 모여들 것이다. 책은 하나의 수단일 뿐, 그들과 소통하면서 더 좋은 시너지효과를 낼 수 있을 것이다.

초보자는 왕초보자를 가르치고, 왕 초보자는 왕왕 초보자를 가르칠 수 있다. 내가 어느 정도 알고 있는지, 무엇을 모르는지를 적어보자. 그러면 내가 아는 것을 누구에게 알려줄 수 있는지 명확한 타깃이 나올 것이다. 내가 아는 수준까지 배우고 싶은 사람을 '타깃'으로 정하면 된다. 오히려 전문가는 초보자의 시절을 잊어버려서 초보자들이 무엇을 궁금해하는지 모를 수 있다. 어중간한 실력, 어중간한 재능, 어중간한 위치인 내가 딱 제격이다. 초보자들에게 내 지식과 노하우를 알려줄 수 있는 아주 좋은 기회.

그렇게 하나하나 단계별로 쌓아가다 보면 어느새 내가 전문가가 되어 있을 것이다. 그때는 더 높은 단계를 원하는 사람들을 대상으로 알려주면 된다. '천 리 길도 한 걸음부터'라는 속담이 있다. 한 번에 다 해내려고 하지말자. 지금 내 수준에 맞는 글을 원하는 사람들도 있다는 것을 잊지 말자.

완벽한 상황에서, 완벽하게 쓴 글만이 책이 되지는 않는다. 완벽하게 쓰려고 노력하는 것보다 초고를 끝까지 써내려가는 것을 목표로 삼자. 매일 한 장씩 써서 40일이면 초고 완성이다. 일단 채우는 것에 목표를 두자. 여러 번의 탈고를 통해 가다듬으면 출판 준비는 끝난 것이다.

무언가 대단한 사람만이 글을 쓴다는 생각은 버리자. '책을 써야 할 좋은 때'는 없다. 한 문장이라도 떼고, 한 장이라도 써 내려가면 그게 가장 좋은 때이다. 내밀 명함이 없으면 만들자. 그리고 명함 속 프로필이 진짜가 될 수 있게 하면 된다. 그렇게 쓴 내 책은 나의 강력한 명함이 되어줄 것이다.

명함지갑에 안 들어가면 어떤가? 책 한 권으로 이미 더 빛나는 내 이름을 얻었는데.

"내가 책을 쓰면 장편 대하소설은 거뜬히 나와!"

"내가 진짜 책 쓰면 장편 대하소설은 거뜬히 나와!"

혹시 이런 말 한번쯤 들어본 적 있는가? 나는 여러 번 들어봤다. 특히 어르신들의 단골 멘트다. 자신의 이야기가 너무 스펙터클해서 진짜 책으로 한 번 내보고 싶다고. 그게 죽기 전 소원이라고 말한다. 그런데 그 말은 그대로 끝이 나고 흘러가 버리는 경우가 많다.

모든 사람들은 자신만의 경험이 있고, 노하우가 있고, 스토리가 있다. 그 이야기를 어떻게 푸느냐에 따라 책이 되기도 하고 단순한 일기가 되기도 한다. 나를 표현하는 방법은 꼭 글만 있는 것은 아니다. 그림, 하나의 선, 음악, 춤, 몸짓 등이 있다. 그림을 잘 그린다면 그림을 그리고, 음악을 잘한다면 음악으로 나를 표현하면 된다. 지극히 평범한 우리는 '글쓰기'가 가장 쉽게 접근할 수 있는 표현도구이다.

그릇에 물을 가득 담으면 흘러넘치지만 밥을 가득 꾹꾹 눌러 담으면 그릇 위로 봉긋 솟아올라도 넘치지 않는다. 그릇에 어떤 재료를 담느냐에 따라서 달라지듯이 나를 표현하는 그릇인 글을 어떻게 쓰느냐에 따라 달라진다. '책 한 번 써보고 싶다.', '나도 블로그나 인스타 해보고 싶다.'라는 생각이 들었다면 이미 내 안에 글을 쓸 재료가 있다는 뜻이다. 누구든지 자신이 살아온 스토리가 있다.

여기서 중요한 것은 스토리가 있지만, 그 속에서 내가 말하고자 하는 핵심주제를 잘 뽑아내야 하는 것이다. 대하드라마를 보면 굉장히 길다. 몇 년간 하는 경우도 있다. 만약 대하드라마가 아무 갈등 없이 평범하게 잘 흘러가는 내용이라면 사람들은 보지 않을 것이다. 재미가 없기 때문이다. 책도 마찬가지다. 내 이야기는 대하드라마 급 그 이상이지만 대하드라마처럼 모든 스토리를 한 책에다 풀어쓰면 독자의 외면을 받는다.

"그래서 무슨 얘기를 하고 싶은 건데?"라는 생각이 들게 해서는 안 된다. 단순히 내 이야기를 하고 싶다면 일기를 쓰면 된다. 내가 하고 싶은 이야기, 나의 일상, 그때의 내 감정들은 나만의 블로그에 올려도 좋다.

물론 블로그도 '누군가' 읽을 수 있다. 하지만 그 누군가가 선택하는 것이다. 책은, 독자의 선택도 받아야 하지만 출판사의 선택도 받아야 한다. 출판사는 자신의 자금을 투자해야 하는데 누군가의 일기장에 선뜻 손을 내밀지는 않을 것이다.

그러니까 내 이야기에서 어떤 이야기를 들려주고 싶은지, 그 이야기를 들려줌으로써 독자가 얻게 되는 것은 무엇인지를 먼저 확실히 해야 한다. 정보를 전달할 수도 있고, 당신도 할 수 있다는 동기부여를 할 수도 있고, 실제 방법과 스킬을 알려줄 수도 있고, 감동을 줄 수도 있고, 재미와 흥미를 줄 수도 있고, 잔잔한 마음 어루만짐으로 편안함을 줄 수도 있다. 중요한 것은 '내가 쓰고 싶은 것'이 아니라, '독자가 원하는 것'을 써야 한다. 내가 쓰고 싶은 것이 독자가 원하는 것과 같으면 금상첨화다.

예를 들어 15년간 매년 나만의 보물지도를 만들어서 사람들에게 공유하고 자신의 꿈을 얘기하며 당신의 꿈도 지켜주겠다고 하는 보험설계사가 있다고 하자. 보통은 보험 얘기만 한다면 이 사람은 꿈 얘기로 시작해 라포를 형성한다. 이러한 특별함으로 성공할 수 있었고, 억대 연봉자가 될 수 있었다. 이 이야기를 글로 쓰고 싶은데 보물지도에 대한 걸 써야 할까, 꿈을 설정하는 방법이나 목표 설정 법, 동기부여, 자기계발서를 써야 할까? 아니면 보험설계사니까 영업이나 말 잘하는 법, 상대를 설득하는 법에 대해 쓰는 게 좋을까?

정답은 '이 책을 통해 어떤 결과를 얻고 싶은가?'라는 질문에 먼저 답을 했을 때 나오는 결과치로 결정하는 것이다. 내가 갖고 있는 이야기가 많다고 해서 그게 다 책이 되지는 않는다. 그 이야기를 통해 내가 얻고 싶은 게 무엇인지, 책이 출간되었을 때 어떤 결과가 펼쳐지기를 바라는지를 먼저 생각해야 한다.

내 책을 통해 함께 일할 파트너를 구하는 리크루팅 목적과 꿈에 대해 얘기하면서 동기부여도 해주고 싶고, 보물지도 만드는 법도 잠깐 소개도 해주면서, 말 잘하는 법과 영업의 노하우도 풀고 싶다고 했을 때 이 책의 독자는 누가 될 수 있을까?

명확한 타깃 설정, 주제, 콘셉트, 방향성을 잡는 게 무엇보다 중요한 이유가 여기 있다. 내 스토리의 대서사시 중 진짜 내가 하고 싶은 이야기를 먼저 추려보자. 그리고 그 이야기를 통해 독자들이 얻을 수 있는 것과, 내가 얻고 싶은 것을 적어보자. 하나하나 적어 내려가다 보면 내가 쓰고 싶은 주제가 명확해지고 타깃독자도 선명해질 것이다.

대하소설 말고, 먼저 A4 85~100매 사이의 단편 책부터 써보자. 한 번 써보면 감이 잡힐 것이다. 그때 시리즈물을 내든, 내 안의 다른 스토리를 꺼내 풀든 하면 된다. 먼저, 책 한 권부터 제대로 써보자.

당신은 무엇을 쓰고 싶은가?

퍼스널 브랜딩,
책 쓰기로 시작하라

누군가는 글을 쓰고, 책을 내고, 퍼스널브랜딩 할 때, 누군가는 남의 글을 읽으며 부러워하고 책을 쓰겠다는 꿈만 간직한 채 살아간다.

좋은 결정을 내리고 싶고, 성공한 삶을 살고 싶다면 일단 먼저 '많은 경험'을 해봐야 한다. 20대 경험은 돈을 주고도 못 산다는 말이 있다. 그만큼 경험은 중요하다. 해외 한번 못 나가본 사람이 해외에 대한 이야기를 제대로 쓸 수 있을까? 검색해서 나오는 지식들을 큐레이션해서 정보전달은 할 수 있겠지만, 그 속에서의 감성과 경험을 녹여내지는 못한다. 아무리 맛있는 초밥도 현지에서 갓 잡은 물고기로 만든 초밥만 못하다. 많이 들어서 머리로는 알고 있어도 직접 해보니까 잘 안 되는 경우가 있다. '백문이 불여일견'이라는 속담처럼 백 번 보고 듣는 것보다 실제로 행동하는 것이 훨씬 도움이 된다.

그렇다고 매번 직접 부딪히고 해볼 수는 없다. 그럴 때는 책의 도움을 받을 수 있다. 책속에는 무수히 많은 경험을 한 저자들의 경험담이 담겨 있다. 그 속에서 간접경험을 해 볼 수 있다. 좋은 인사이트를 얻었다면 실제로 행동해서 나만의 것으로 만들 수 있다.

그런데 많은 사람들이 책을 그저 '읽는 것'에 그친다. "정말 좋은 책이다.", "감명 깊었어.", "진짜 이렇게 하면 좋겠네."라고 말하고 행동에 옮기지 않는다. 그건 죽은 지식이다. 경험 다음으로 중요한 게 '독서'인데 이 독서를 한 후, 아무것도 하지 않으면 소용없다. 실제로 행동할 때 독서의 가치가 올라간다.

독자의 책읽기와 작가의 책읽기는 다르다. 독자는 좋은 글에 줄을 긋지만 작가는 벤치마킹할 수 있는 것에 줄을 긋고, 실제로 그 글을 각색해서 나만의 것으로 녹여서 내 글로 탄생시킨다. 소비하는 삶에서 생산자의 삶으로 바뀌는 것이다.

〈독자의 책 읽기〉

Input : 좋은 글귀, 도움되는 글

→ output : 밑줄 치고, 인사이트 기록 / 실제로 해보기

〈작가의 책 읽기〉

Input : 글감에 맞는 글 발췌독서

→ output : 좋은 글에 밑줄 치고, 인사이트 기록

→ Create : 각색, 인용해서 나만의 글로 녹여 새롭게 탄생

지금까지 읽기만 했다면, 내가 써보자. 분명 당신에게는 당신만의 스토리가 있다. 혹시 내 스토리는 특별하지 않다고 생각하는가? 그렇다면 일단 그 생각부터 버려야 한다. 그게 무엇이든 괜찮다. 병뚜껑 잘 따는 노하우 하나만 있어도 글이 된다. 숟가락으로 이용해서 따는 방법, 젓가락, 책, 모서리, 책등 일상의 사물들이 모두 소재가 된다. 남들이 생각지도 못한 소재로 병뚜껑을 따는 방법을 글로 적고, 영상을 촬영해서 올리면 실제 병따개가 없는 사람들에게 도움이 될 수 있다.

취미로 낚시를 조금씩 하다 보니 낚시에 노하우가 생겼다면 그걸 글로 쓸 수도 있다. 좋은 낚싯대 고르는 법, 낚싯대 관리하는 법, 미끼 잘 쓰는 방법, 입질이 왔을 때 챔질 타이밍등 낚시기술부터 낚시하기 좋은 곳, 겨

울에 낚시할 때 반드시 챙겨야 할 것 등 낚시를 즐길 수 있는 것들을 쓰는 것이다. 더 나아가 낚싯줄에 따른 특징, 바다낚시와 민물낚시의 차이점 등 전문적으로 풀어나갈 수도 있다. 이제 막 민물낚시를 하는 초보자들은 낚시터 고르는 방법과 낚시 채비를 보며 준비하는 데 어려움이 없을 것이다.

취미나 잘하는 것이 없어도 일상에서의 경험도 좋다. 육아를 하고 있다면 육아를 하면서 느낀 점이나 엄마표 놀이의 경험을 나누는 것만으로도 엄마들의 관심을 받을 수 있다. 집콕 육아를 해야 하는 경우 아이의 에너지를 발산시켜주면서 엄마도 크게 힘 들이지 않고 놀아주는 방법이나 아이의 창의력을 높일 수 있는 활동, 재활용품을 활용한 만들기, 간단한 실험으로 아이의 지식을 늘려주는 방법 등 실제로 하고 있는 것들을 글로 쓰면 된다.

거창하지 않아도 좋다. 하다 보면 아이가 잘 따라오지 않는 날도 있고 울고 싶은 날도 많을 것이다. 그런 것들도 다 기록하는 것이다. 오히려 엄마들은 '우리 이런 것도 하고 저런 것도 했다. 우리 아이는 이렇게 잘한다'라고 자랑하는 글보다는 솔직한 글에 더 열광한다. '맞아요. 우리 집 아이도 그래요. 이 글을 보니 아이들이 다 그렇다는 생각에 용기를 얻게 돼요. 꾸준함이 답입니다. 저도 힘내서 할게요.' 등의 응원도 받는다.

스타강사 김미경이 지금의 모습이 될 수 있었던 것은 강의 기획 및 유튜브 활동, 네이버 카페 운영 등 여러 가지가 있겠지만 '책'이 있었기에 더 크게 성장할 수 있었다. IMF로 한창 힘들어하던 시절, 『나는 IMF가 좋다』를 썼고, 그 책으로 이름을 알리고, 이후 『언니의 독설』, 『내 안의 스티브 잡스를 깨워라』, 『아트스피치』, 『김미경의 드림온』 등을 썼고, 베스트셀러 작가 반열에 오를 수 있었다. 지속적인 책 쓰기로 '스타강사'라는 브랜드를 더욱 공고히 할 수 있었던 것이다.

자수성가청년 '자청'은 2019년 유튜브계에 혜성처럼 나타나 그동안의 유튜브의 생태계를 완전히 바꿔놓았다. '흙수저, 오타쿠 같은 내가 부자가 될 수 있었던 방법'을 알려주면서 많은 오타쿠와 흙수저, 반지하 사람들을 생산해냈다. 이에 그치지 않고 『역행자』를 2022년 펴냈고, 그를 몰랐던 사람들도 그를 알게 되면서 과거 유튜브 영상 조회 수가 역행하는 일도 일어났다.

다 유명한 사람들이라고? 그러니 가능한 일이고 나 같은 평범한 사람은 불가능하다고? 그러면 여기 평범한 사람 이야기를 들려주겠다. 평범한 치과 실장이었던 정은지 작가는 자신의 특별한 경험을 담아 『난생처음 사회생활』을 썼다. 대학을 졸업하고 서울생활을 처음 하면서 10번 이상의 퇴사와 취업, 임금 체불로 인한 소송, 직장 내 성희롱 경험, 혼자서 이사하면서 겪은 일, 혼자 살면서 경험한 무서운 일, 교통사고 났을 때 처리한 일, 다단계에 붙잡혔던 일 등 누구는 한번 겪기도 힘들다는 일들을 연속적으로 겪으면서 체득한 노하우를 썼다. 어찌 보면 평범한 일화에 불과한 일들을 글로 쓰니 '책'이 되었다. 거기다 사회초년생이라면 반드시 알아야 할 면접 노하우나 태도, 말투, 직장을 쉴 때 어떻게 시간을 보내면 좋을지, 해고를 당했을 때 해결하는 법 등을 알려주며 첫 사회생활에 필요한 노하우를 담았다.

직장 내 살아남는 법, 상사와 동료들과의 관계 등 실질적인 스킬을 담을 수도 있지만, 실제로 사회생활을 하다 보면 집 구하는 법부터 이사할 때 알아야 할 정보 등이 필요하다. '어! 이건 검색해보면 나오는 것 아닌가?' 하는 것들도 내 경험을 녹여 쓰면 스토리가 되고, 브랜딩이 된다.

그녀는 책 출간 후 북 콘서트를 시작으로 대학교, 도서관 등지에서 강의 요청을 받았으며, '나비 브랜딩 컨설팅' 대표로 휴먼컬러를 이용한 브랜딩 컨설팅과 강의, 유튜브 활동까지 활발하게 하고 있다.

나는 원래 누군가를 가르친다는 것은 상상도 하지 못했다. 가르치는 능력도 없을 뿐더러 누군가를 리드하고 앞장서서 무언가를 한다는 것은 '이선영인 나'는 절대로 하지 못하는 것이었다. 그랬던 내가 우연히 한 병원의 중간관리자가 되면서 직원들을 관리하고 병원을 이끌어 가야 하는 상황에 처하게 되었다. 일단 내게 주어진 일이니 이를 악물고 했다. 멘탈이 탈탈 털리기도 했고 왕따도 당해보고 울기도 많이 울었다.

그러다 우연히 자기계발서를 읽으면서 '책을 쓰고 싶다'는 열망이 생겨났고, 20대를 위한 자기계발서 『20대, 발칙한 라이프 쫄지 말고 당당하게』를 썼다. 책이 나오니 대학교에 초청을 받아서 20대를 위한 강연을 여러 번 했다. 그러다보니 꿈이 생겼다. 내가 20대 때 방황하고 고민했던 것들을 얘기해주고 싶고, 그들에게 "잘하고 있어. 너의 꿈을 찾아. 진짜 네가 원하는 것을 해."라고 말해주고 싶었다. 그래서 '꿈업 프로젝트'를 기획해 꿈이 뭔지 모르겠고, 어떻게 찾아야 하는지 방법을 모르는 사람들에게 내 꿈을 찾고 앞으로 내 미래를 어떻게 만들 것인지를 찾는 4주간의 워크숍을 진행하기도 했다.

『1인 창업이 답이다』 책을 쓰면서 정말 많은 유튜브와 네이버카페, 블로그를 방문해서 1인 창업자들을 분석하고 공부했다. 그때 나는 '일하지 않아도 돈이 들어오는 시스템'을 만들고 싶었고 병원 컨설팅 회사를 차릴 때도 그 부분에 중점을 두었다. 2016년 병원계에서는 온라인 교육이 그리 흔하지 않은 때에 온라인 교육을 만들어서 한 달에 200~300만 원 정도 꾸준히 들어올 수 있도록 했다. 병원에 직접 가지 않고 집에서 원격으로 일을 하기도 했다. 지금이야 워낙 원격근무가 대중화되었지만 당시에는 흔치 않았다. 처음에는 '원격으로 일하는데 이만한 돈을 줘야 한다고? 그게 과연 될까?' 했던 사람들도 나중에는 훨씬 편하고 효율적이라며 좋아하셨다.

책을 쓰다 보면 책을 많이 읽게 된다. 책뿐 아니다. 여러 기사를 검색하고, 관련된 정보들을 찾아보게 되고 그러다 보면 좋은 아이디어가 떠오른다. 그 아이디어를 구체적으로 실행할 방법들을 적고, 실행하다 보면 자연스럽게 평상시 일상생활을 하다가도 문득문득 좋은 생각들이 떠오르게 된다.

『병원매출 10배 올리는 절대법칙』 책은 나를 병원 컨설팅계에서 입지를 탄탄히 할 수 있게 도와주었다. 내 책을 읽고 연락 온 사람들과 간단한 통화만으로도 바로 계약으로 이어졌고, 병원 컨설팅 요청도 쇄도했다. 이전에는 365일중 365일을 발품을 팔면서 무료 모니터링을 통해 나를 제안했었다면, 직접 찾아오는 반대의 상황이 연출되었다. 요청이 너무 많아서 직접 미팅을 가던 것에서, 전화나 온라인으로 먼저 1차 미팅 후 진행했고, 실제 병원에 도움이 될 수 있는 깊이 있는 컨설팅을 할 수 있었다.

예전에는 내가 금액을 제시하면 더 싸게 해달라며 어떻게든 깎으려고 했다면, 책을 쓴 후에는 부르는 게 값이었다. 물론 과다 책정한 것이 아닌, 컨설팅 내용과 기간에 따라 적절히 책정한 금액이다.

상상력과 창의력이라고는 1도 없었던 내가 글을 쓰고 강의를 기획하고, 컨설팅을 하다 보니 아이디어가 샘솟았다. 어떻게 그럴 수 있을까? 인풋이 있어야 아웃풋이 있는 법이다. 창의력은 타고나는 것이 아니다. 훈련으로 충분히 만들 수 있다. 나는 이를 몸소 체험했다.

나는 개인저서 4권, 공동저서 3권을 썼고 그 후로도 꾸준히 칼럼과 글쓰기를 쉬지 않았기에 글쓰기 책과 책 쓰기 책도 쓸 수 있게 되었고, 글쓰기 과정을 운영할 수 있게 되었다.

누가 알았을까? 그저 병원에 직원으로 일하던 내가 컨설턴트가 되고 강사가 되고, 작가가 되고, 글쓰기 코치가 될 것이라는 것을. 인생은 선택의 연속이다. 그리고 그 선택의 연속 안에서 '책 쓰기'는 좀 더 빠르게 내가 가야 할 곳으로 인도해준다.

'책 쓰기'는 단순히 책을 쓰고 끝이 아니라 나를 해당 분야의 전문가로 만들어주고 브랜딩해준다. 이를 통해 더 멀리, 더 크게 나아갈 수 있다. 책은 결과가 아니다. 내가 가고자 하는 곳으로 빠르게 갈 수 있는 하나의 도구일 뿐이다. 책으로 인세를 벌거나 전업 작가가 꿈이 아니라면 책을 통한 퍼스널브랜딩에 집중하자.

성공해서 책을 쓰는 것이 아니라, 책을 써서 진정으로 성공하게 된다.

1부

왜 책 쓰기일까?

1인 플랫폼 시대다. 누구나 자신의 상품과 지식을 판매하고 돈을 번다. 여기서 '누구나'에서 더 나아가 '특별한'이 되려면 브랜딩이 필요하다. 책은 브랜딩을 하는 데 가장 빠르고 효과적이다. 콘텐츠 100개 만드는 것보다, 종이책 한 권이 나를 전문가로 만들어준다.

『죽고 싶지만 떡볶이는 먹고 싶어』의 백세희 작가는 이 책 하나로 에세이계의 파란을 일으켰다. 처음 그녀는 독립출판물로 조금만 인쇄해서 마음 맞는 사람들끼리 나눠 가질 생각으로 크라우드 펀딩 플랫폼 '텀블벅'을 통해 펀딩을 모집했다. 200부 정도면 충분히 나눠가질 수 있겠다 생각한 그녀의 예상은 완전 빗나갔다. 1,500부를 찍고 대박을 친 것이다. 그 뒤 출판사 '흔'에서 계약 후 정식 출간되었고, 베스트셀러 7위까지 올랐다. 일본에도 번역되어 2023년 기준 10만 부 이상 팔렸다.

우울증을 가진 저자가 죽고 싶어 하면서도 신나게 떡볶이를 먹는 자신의 모습에 자괴감을 느꼈고, 실제 정신과 상담 녹취록을 토대로 쓴 책이다. 인스타를 통해 입소문으로 퍼진 이 책은 큰 사랑을 받고 2권도 나와 여전히 사랑받고 있다.

책의 힘은 어마어마하다. 순식간에 유명인으로, 전문가로 만들어준다. 지금까지 나를 브랜딩하기 위해 잘 팔리는 글쓰기 방법, 마케팅 비법, 브랜딩 비법을 배우고 콘텐츠 만드는 데 집중했다면, 거기에 플러스, '책'을 쓰자. 당신의 브랜드를 한 번에 끝내주는 올인원 무기가 될 것이다.

2부

하루 한 장,
10주 만에 끝내는
책 쓰기

1장

기획편(1~3주) :

따라만 하면 브랜딩되는 '기획'

무엇을 쓸 것인가?
나를 브랜딩하는 주제 선정 방법

글을 쓰기 전 먼저 '나 자신'을 알아야 한다. 그래야 무슨 글을 쓰고 싶은지, 그 글을 통해 얻고자 하는 것이 무엇인지 명확하게 알고 주제를 선정할 수 있다. 과거부터 현재에 이르기까지 내 모든 경험들을 다 써본다고 생각하고 써보자. 그게 대하 장편소설만큼 길다고 하더라도 일단 써보자.

처음에는 우왕좌왕하기도 하고, 어느 한부분에 치우쳐서 글을 쓰기도 할 것이다. 내가 살아온 역사를 쓴다는 건 쉽지 않다. 기억이 드문드문 이어지는 부분도 있을 것이고, 너무 길어서 '이걸 다 써야 하나?'라는 생각에 건너뛰기를 하는 부분도 있을 것이다. 아무래도 좋다. 어차피 자서전을 쓰는 건 아니니까.

내가 살아온 이야기 중에서 육아나 가정에 치우친 이야기가 있을 것이고, 업무나 일 관련, 혹은 독서습관, 내 생활습관, 인간관계, 대화법 등 몇 가지 이야기로 무게가 기우는 걸 알 수 있을 것이다. 그러면 그 무게 중심을 토대로 자기소개서를 써보자. 이때의 자기소개는 약간의 완성도를 추구하면서 쓰되 자신을 소개한다는 생각으로 써본다. 블로그나 자신의 SNS에 글을 올려 독자의 시선도 생각하면서 쓴다.

이렇게 내 삶을 다 토해내고 나면 무슨 책을 쓰고 싶은지 어느 정도 방향성과 주제가 잡힌다. 쓰고 싶은 주제가 2~3가지가 나오기도 한다. 그러면 그중 하나를 선택해 그 주제를 생각하면서 세분화해볼 수 있다. 내가 운영하고 있는 '브랜딩 책 쓰기 마스터클래스'에서는 먼저 '나는 누구인가?' 질문지를 보낸다. 질문지에는 내 강점과 관심사, 내가 특별히 잘하고 잘 알고 있는 분야, 나를 설레게 하는 것과 지금까지 살아오면서 가장 즐겁고 행복했던 일, 힘들었던 일, 슬펐던 일, 지금까지 경험한 일 중에서 특별한 것이든 평범한 것이든 함께 나누고픈 이야기, 지금까지 해온 일 중 가장 성과를 크게 낸 일, 주변에서 나에게 칭찬하는 말 등 내가 무엇을 잘하고 관심이 있는지 알 수 있도록 구성되어 있다.

그다음에 내가 쓰고자 하는 글의 주제를 기획한 이유, 내 글의 고객, 고객의 니즈와 원츠, 내 글의 콘셉트와 핵심 키워드 등을 기록해보면서 방향성을 잡는다. 그래도 잘 모르면 나와 온라인 1:1 미팅을 통해 주제와 콘셉트를 정하고 목차를 만든다. 2번의 미팅으로 명확한 주제와 콘셉트, 타깃독자, 핵심 키워드가 나오고 내 글의 방향성이 잡힌다. 목차까지 만들어지면 그때부터 한 꼭지씩 글을 쓴다.

브랜딩 책 쓰기 마스터 클래스 수료를 한 작가 A씨는 현재 치과에 근무하는 치과위생사이자 병원전문 강사다. 독서 책도 쓰고 싶고, 에세이도 쓰고 싶고, 현재하고 있는 본인 업무에 대한 이야기도 쓰고 싶었던 A씨는 자기소개서를 쓰면서 우선순위를 정했다. 자기소개에 자신이 지금까지 했던 업무관련 일들을 쭈욱 나열해서 쓰다 보니 뭘 써야 할지 감이 잡혔다. A씨는 병원에서 생활한 경험을 토대로 병원종사자들이 본인처럼 실수하거나 돌아가지 않고 빠르게, 하지만 정확히 갈 수 있는 방법을 알려주고 싶다고 했다. 그래서 슬기롭게 병원생활을 하는 여러 가지 스킬과 함께 방법을 제시한 책을 썼고 출간까지 할 수 있었다.

작가 B씨는 이전에 그래픽 디자이너로 활동하다 지금은 세 아이의 엄마로서 육아에 전념하고 있다. 처음에는 그래픽 관련 업무에 복귀하고 싶어 브랜딩 글을 쓰고자 찾아왔지만 자기소개서를 쓰면서 육아가 재미있고 행복하다는 것을 느끼고 육아를 하면서 경험한 자신의 이야기를 담은 에세이를 준비 중이다.

작가 C씨는 보험설계사에서 한 팀을 운영하는 팀장이 되면서 마케팅 기법, 팀 빌딩법, 심리, 유형별 조직관리, MBA과정들을 배우고 그 내용들을 토대로 글을 쓰고 싶다고 했다. 여기서 문제가 생겼다. 너무 많은 것을 다 담으려고 하다 보니 타깃이 명확하지 않는 것이다. 잘하는 모든 것을 담으면 어떤 말을 하고 싶은지 주제가 명확하게 나오지 않는다. 그래서 나와 일대일 미팅을 하며 질문을 통해 하나하나 찾아갔다.

"왜 책을 쓰고 싶으세요?", "이 책을 통해 누구에게 도움을 주고 싶으세요.", "책을 써서 어떤 걸 얻고 싶으세요?" 등의 질문을 하며 찾아갔다. 조직관리 책을 써서 이제 막 팀장이 되어 조직관리가 처음인 사람들에게 도움이 되고 싶은 것인지, 마케팅 관련 책을 써서 마케팅 쪽으로 브랜딩하고 싶은 것인지, 유형별 조직관리에 대한 책을 써서 심리유형에 전문가로 이름을 날리고 싶은지 물어보았다. 그렇게 질문에 질문을 꼬리 물며 찾아갔고, 답을 찾았다. '이제 막 팀장이 되었거나, 팀장으로서 일하는 것이 힘겨운 사람들에게 좋은 팀을 만들어나가는 방법에 대해 알려주고 나아가 리쿠르팅 및 팀장으로서의 브랜딩을 하고 싶음'이었다. 이제 목표를 찾았으니 그에 맞춰 주제를 잡는 건 쉽다.

많은 사람들은 책을 쓴다고 하면 내가 가진 모든 것을 다 탈탈 털어 넣으려고 한다. 그렇게 하면 무슨 말을 하려고 하는지 전혀 알 수 없다. 타깃독자를 뾰족하게 설정해야 한다. 그래야 명확한 주제가 나오고, 콘셉트가 나온다. 친절하게 하나하나 방법을 알려줄 것인지, 조금 강하게 '해라'체로 나갈 것인지, 부드럽게 권유형으로 쓸 것인지에 대한 문체도 정해진다.

작가 D씨는 직장에서 뛰어난 능력을 인정받아 이 능력으로 제2의 부캐를 만들고 싶다. 그런데 자신의 이야기를 줄줄 써 내려가는 '20개의 글쓰기' 과제에서 대부분의 내용으로 '내면아이'에 관련한 내용을 써왔다. 이는 무엇을 의미하는 것일까? 업무적으로 인정받고도 싶지만 실은 내면에는 슬프고 아픈 아이가 잠재되어 있었던 것이다. 그 아이를 먼저 다스려주지 않으면 아무리 업무적으로 인정을 받더라도 진실로 기쁘지 않을 수 있다. D씨와 일대일 미팅을 통해 2시간가량 대화를 했고, 업무이야기보다 먼저 '내면아이'를 주제로 글을 쓰기로 했다. 그녀는 이 글을 쓰면서 심리 치유하는 기분이라고 했다.

우리는 살면서 여러 가지 경험을 한다. 엄마로서의 나, 아내로서의 나, 딸로서의 나, 며느리로서의 나, 직장에서의 나, 사회에서의 나, 친구로서의 나, 춤을 좋아하는 나, 운동을 좋아하는 나, 그림을 좋아하는 나, 000을 잘하는 나, 000을 싫어하는 나. 무수한 나가 존재한다. 이런 '나' 중에서 어떤 '나'에 대한 이야기를 할 것인지는 일단 내가 누구인지를 먼저 정의하는 데 있다. 내가 그동안 어떤 경험을 했고 어떤 생각을 했는지 적다 보면 하고 싶은 이야기가 많은 에피소드가 떠오르게 된다. 그 에피소드를 중심으로 어떻게 풀어나갈 것인지를 고민하면 주제와 콘셉트가 잡힌다.

일단 방에 앉아 노트북을 펼치고 내가 기억나는 어린 시절부터 한번 적어보자. 내가 무엇을 잘하고 무엇을 좋아하고, 싫어하는지 내 감정과 함께 찌질한 내 밑바닥까지 모두 적어보자. 적다 보면 눈물도 나고 미소도 지어질 것이다.

우렁차게 울어보기도 하고 깔깔거리며 웃어도 보자. 그렇게 내 삶을 토해내 보자.

내 글의 주제와 분야를 설정하는
12가지 질문법

의식의 흐름대로 써도 도대체 무슨 주제로 글을 써야 할지 잡히지 않는다면, 이제는 질문에 대한 답을 하며 찾아보자. 내가 누구인지 먼저 찾아야 한다. 그래야 나를 브랜딩할 수 있는 소재를 찾을 수 있다.

1. 내가 잘하는 것? 나의 강점은?

2. 주변에서 "넌 정말 이거 하나만큼은 특출 나."라는 게 있다면?

3. 내 최근 가장 큰 관심사는?

4. 이 관심사로 해보고 싶거나 확장하고 싶은 것이 있다면?

5. 내가 특별히 잘 아는 것이 있다면?

6. 특별히 잘 알고, 잘 하는 건 아니지만 어느 정도 할 줄 알고, 경험해 본 것은?

7. 지금까지 살면서 가장 성과를 잘 낸 일은?

8. 지금까지 살면서 가장 큰 실패는? 그 실패를 어떻게 극복했나?

9. 내가 지금까지 오랫동안 해 온 일은?

10. 내가 하는 일 중 다른 사람들과 나누고 싶고 들려주고 싶은 것은?

11. 최근 내가 누군가에게 도움을 준 일이 있다면?

12. 딱 한명, 누굴 위해 글을 쓰고 싶은가? 그 사람의 이름, 성격, 취향, 특성, 좋아하는 것을 모두 적어보자.

12가지 질문을 답을 하다 보면 분명 내가 쓸 거리를 찾을 수 있을 것이다. 브랜딩 책 쓰기 과정에서는 39가지의 질문을 던진다. 비슷한 질문이지만, 점점 더 깊어지는 질문에 답변을 하다 보면 무엇을 써야 할지 명확히 방향이 잡힌다.

6번에 내가 어느 정도 할 줄 알고 경험해본 것을 모두 쓰라는 질문에 별것 아닌 사소한 것들도 모두 써보자. 영상편집, 블로그 10년간 운영, 미리캔버스, 캔바 사용할 줄 앎, 간단한 포토샵 활용능력, 미국 ETF주식 투자로 돈 좀 벌어본 경험, 부동산 투자로 몇천만 원 수익 얻은 경험, 새벽기상 5년째, 한 달에 4권 이상 독서, 잘하진 않지만 요리하는 걸 즐김, 10년째 생활 다이어트 중, 육아, 해외여행, 국내여행, 주말마다 캠핑, 워킹맘, 사업 경험, 가게운영 경험, 제주 한 달 살이, 해외 한 달 살이, 10년간 영업활동, 텔레마케팅 경험 등. 쓰다보면 정말 어마어마하게 많다는 것을 알 수 있을 것이다. '내가 이렇게 할 줄 아는 게 많았다고?' 하며 놀람과 동시에 자신감도 붙을 것이다.

이 지식과 경험 중 무엇을 활용해서 성과를 내었는지, 이 일 중 다른 사람과 나누고 싶고 들려주고 싶은 게 무엇인지를 써보자. 최근에 내가 누군가를 도운 적이 있다면 더욱 좋다. 분명 하나쯤은 있을 것이다. 그 내용을 콘텐츠화하면 주제가 된다.

'~하는 법', '~하는 노하우', '~비법'을 붙여보자. 새벽기상 5년째 하고 있다면 그 경험에 '새벽기상만 5년! 시간활용 노하우'라고 붙이면 하나의 주제가 된다. 캠핑이라는 경험에 '회사를 다니면서 캠핑도 다닙니다.'라는 제목으로 직장인 주말 캠핑 가는 법에 대한 글을 쓸 수도 있다. 코로나 이후 캠핑이 핫해지면서 캠핑도구나 용품도 덩달아 주목을 받았다. 정말 신세계의 제품들이 즐비하다. 하지만 다 살 수는 없다. 사지 않고 집에 있는 것을 활용해서 충분히 캠핑을 즐길 수 있는 나만의 방법이 있다면 '우리 집 물건으로 캠핑을 즐기는 법'으로 구성해볼 수도 있다.

꼭 한 가지만 선택하지 않아도 된다. 이 수많은 것들을 내가 이루어내서 지금 월 천만 원을 벌고 있고, 꾸준히 돈이 들어오는 시스템을 구축했다면 '나는 N잡으로 월 천만 원 번다'는 주제로 책을 쓸 수 있다. 지금까지 내가 해온 일들을 목차로 분류해서 하나하나씩 방법론을 풀면 된다. 혹은 '나는 나로 살기로 했다.'라는 주제로 지금까지 한 일들을 토대로 너무 애쓰지 말고, 내가 진정 원하는 것을 찾아서 사는 행복함에 대해 쓸 수도 있다.

같은 주제라도 내가 무엇을 알려주느냐에 따라 글의 분야가 달라진다. 책에는 여러 가지 분야가 있다. 인문, 소설, 자기계발, 경제, 경영, 동화, 에세이, 재테크, 여행, 건강, 취미, 오락, 육아, 어린이, 요리 등 다양하다. 이 중 내가 쓰고자 하는 분야는 무엇인지를 정해야 한다. 분야는 내가 책을 쓰고자 하는 '목적'에 따라 달라진다.

'여행'이라는 주제로 글을 쓴다고 하자. 여행에도 그곳에서의 경험과 생각을 쓴 여행에세이가 있고, 여행을 가는 방법을 알려주는 여행분야, 여행에서 쓸 수 있는 현지영어를 알려주는 영어분야로 나눌 수 있다. 나는 '여행을 통해 내 경험과 느낌을 나누고 싶다'는 목적이라면 에세이를 쓰면 되고, '여행 즐기는 법을 알려주고 싶다'는 목적이라면 실용도서를 쓰면 된다.

'직장생활'을 주제로 글을 쓴다고 해도 마찬가지다. 직장생활에서의 내 경험과 생각을 쓰면 에세이, 직장생활 잘하는 방법과 노하우에 대해 풀면 경제 경영, 직장생활 잘하라고 동기부여하면 자기계발서가 된다.

이중에서 목적이 뭐냐에 따라 선택할 수 있다. 만약, 팀장으로서 팀원을 이끄는 법에 대한 구체적인 방법을 제시하고, 팀장 조직관리라는 분야에 브랜딩을 하는 것이 '목적'이라면 경제경영도서를 쓰면 된다. 자기계발의 '성공학/경력관리'로 분류될 수도 있다.

먼저, '책을 써서 내가 이루고자 하는 목적'이 무엇인지 명확히 설정하자. '자기만족'이냐, '브랜딩'이냐에 따라 에세이, 자기계발서나 경제경영도서로 정해질 수 있다. 그에 맞춰 문체나 내용 구성, 목차도 달라진다. 나는 책 쓰기 책을 써서 '책 쓰기 코치'로 퍼스널 브랜딩하는 것이 목적이다. 아무리 책을 쓰는 방법을 잘 알려준다고 해도 책이 있고 없고는 하늘과 땅 차이다. 내 몸값부터 달라진다.

사람들에게 왜 책을 쓰는지 물어보면 다양한 답변을 한다. 유명해지고 싶어서, 돈 벌고 싶어서, 내 사업 마케팅에 활용하고 싶어서, 나를 알리고 싶어서, 내 삶의 의미를 찾고 싶어서, 힐링하고 싶어서, 그냥 쓰고 싶어서, 뿌듯함을 느끼고 싶어서, 책 한번 쓰는 게 내 꿈이라서.

어떤 이유로 시작하든 일단 책을 쓰다 보면 또 다른 나를 찾게 되고, 내가 잘하는 것, 잘 아는 것을 알게 되고, 삶의 의미와 더불어 깊이 있는 나를 만나게 된다. 대충 쓰는 게 아닌, 좀 더 깊이 있는 내용의 글을 써야 하다 보니 계속해서 책을 읽고 자료를 찾고 공부를 하게 된다. 그렇게 시작은 아마추어였는데 책을 쓰고 나서 그 분야의 전문가가 되는 것이다.

그러니까 이유야 어찌됐든 책을 쓰면 얻게 되는 것은 결국 '자기 성장'이다.

　나는 무엇을 쓰고 싶은가? 이를 통해 얻고 싶은 것은 무엇인가? 어떤 평판을 얻고 싶고, 어떻게 보여지고 싶은가? 스스로 질문하며 내 책의 주제를 찾아보자. 이미 책 쓸거리는 모두 당신 안에 있다.

명확한 타깃과 콘텐츠, 콘셉트 설정하는 핵심 비법 5가지

책을 쓸 때 타깃독자를 설정해보라고 하면 많은 사람들이 '이 책이 필요한 모든 사람'이라고 답한다. 최대한 타깃을 넓혀야 잘 팔릴 거라 생각하는 것이다. 하지만 그건 착각이다.

누구나 읽을 수 있는 책이라는 말은 누구에게도 매력적이지 않은 특별할 것 없는 책이라는 말과 같다. 타깃이 두루뭉술하면 내 책도 두루뭉술해진다. 대상이 없으니 주장도 밋밋해진다. 누구한테 하는 말인지 몰라서 읽는 사람도 헷갈린다. 그렇기에 명확한 타깃은 중요하다.

타깃을 선정하기 위해서는 먼저 '나는 무엇을 쓸 것인가?'가 명확해야 한다. 앞에서 주제 선정하는 방법에 대해 나누었다. 이 주제에 나만의 특별함을 넣어야 한다. 그게 나만의 특별한 스토리가 된다.

책을 쓸 때 '글 잘 쓰는 것'과 '콘텐츠 선정' 중 무엇이 가장 큰 부분을 차지할까? 글 자체를 잘 쓰는 문장력, 표현력은 2번째다. 가장 중요한 것은 독자들의 관심을 보일 만한 '콘텐츠 선정'이다. 독자들의 선택을 받을 수 있는 것인가 아닌가를 먼저 생각해야 하는 것이다.

그저 '내가 쓴 글은 무조건 출간되겠지?'라는 생각으로 쓰면 안 된다. 왜 내 책을 출판사에서 출간해줘야 하는지, 독자들이 왜 내 책을 읽어야 하는지 명확하게 정해야 한다. 그렇다고 희소한 콘텐츠를 선정하는 것은 위험하다. 너무 넘치고 넘쳐서 레드오션이 된 곳이라 해도 그곳에 니즈가 있기에 나만의 차별점을 찾아서 만드는 것이 훨씬 효과적이다.

사람들이 가장 많은 관심을 가지고 절대 놓을 수 없는 불변의 콘텐츠가 4가지가 있는데 바로 건강, 뷰티, 리빙, 돈이다. 건강하고 싶고, 아름답고 싶고, 집을 예쁘게 꾸미고, 맛난 음식을 해 먹고 싶고, 돈도 많이 벌고 싶다. 이 4대 욕망에서 내 책의 주제를 선정하고 차별화 포인트를 넣어 콘셉트를 잡으면 된다. 여기서 타깃독자가 명확해진다.

1. 내 직업에서 찾기

내가 가장 많은 시간을 보내는 직장. 이 직장 내에서 사람들의 문제점, 고민거리를 찾아보자. 보고서 잘 쓰는 법, 상사에게 보고 잘하는 법, 팀원들이 스스로 할 수 있도록 하는 법, 팀원과의 대화법, 상사와의 대화법, 고객과의 대화법 등 문제점은 어디서나 있다. 이를 좀 더 구체화해서 문제를 해결하는 내 노하우를 넣어 차별화하면 나만의 콘셉트가 만들어진다.

일을 하면서 힘들었던 점, 좋았던 점, 보완했으면 하는 점 등이 분명 있을 것이다. 내 경험담과 함께 다른 사람들의 일화나 사례를 넣으면 책 한 권은 뚝딱이다.

세상에 나만 겪는 특별한 문제는 없다. 누구나 보편적으로 생각하는 문제들이 즐비하다. 그 문제를 해결하는 방법 또한 다양하다. 꼭 나만의 방법이 아니더라도 누구나 사용하는 평범한 것이라도 '첫째, 둘째, 셋째'로 정리해서 조금만 살을 붙이면 내 것이 된다.

이 문제를 해결하길 원하는 사람들을 타깃으로 정해놓자. 멀리 있는 사람을 찾을 필요 없다. 가까이 있는 바로 예전의 나, 힘들어하는 우리 팀장님, 말 안 듣는 우리 팀원 A. 구체적으로 세워놓으면 그 사람이 무엇을 원하는지 더 명확하게 찾을 수 있다. 실제로 있는 사람을 페르소나로 지정하자. 그 페르소나가 바로 내 타깃이 되고, 그 타깃이 힘들어하는 것, 문제점, 원하는 것을 찾으면 쉬워진다.

2. 취미에서 찾기

등산, 꽃꽂이, 비즈공예, 털실, 독서, 글쓰기, 음악듣기, 댄스, 런닝,

걷기 운동, 필라테스, 요가, 다이어트 운동 등 다양한 취미생활에서 키워드를 찾을 수 있다. 직업에서와 마찬가지로 질문을 던져보자. 사람들의 고민이 뭘까?

매일 걷기 운동을 예로 들면 '매일 걷기 운동 좋은 건 알겠지만 시간을 내는 게 힘들다.', '혼자 하니 자꾸만 나와 타협하고 포기하게 된다.' 등의 답변을 얻을 수 있을 것이다. 이런 사람들을 위해 새벽에 함께 걷기 운동하는 크루를 만들어본다거나, 온라인으로 함께 걷고 사진 찍어 인증하는 모임을 만들어 볼 수 있다. 그렇게 만들어진 모임 속에서 또 노하우를 얻게 되고 이것으로 한 권의 책을 쓸 수도 있다.

'새벽을 가르는 러닝으로 꿈을 찾았다.'라는 주제로 매일 새벽에 달리면서 자기 효능감을 얻고, 어떻게 나 자신이 바뀌었는지에 대해 쓸 수 있다. 러닝을 하다 포기한 사람이나 러닝이 좋은 건 알겠지만 그동안 방법을 몰라서 하지 않았거나 아예 인지조차 하지 못한 독자들도 이 책을 읽고 용기와 희망을 갖게 되고, 러닝하는 방법을 배울 수 있다. 여기에 수익화까지 얻게 된다면 금상첨화다.

3. 관심 있는 분야, 좋아하는 분야에서 찾기

예를 들어 내가 '말 잘하는 법'에 관심이 있다고 하자. 워낙 말주변이 없어서 말 잘하고 싶은 마음에 관련 세미나를 듣고, 책을 읽고, 스피치 학원도 다니면서 차곡차곡 쌓았다. 그러면서 알게 된다. 말을 잘하려면 생각 정리를 잘해야 한다는 것을. 그래서 그때부터 생각을 정리하는 방법을 배우기 시작하고, 생각 정리 툴들을 활용한다. 마인드맵, 씽크와이즈, 노션 등을 활용해서 정리하다 보니 체계적으로 분류가 되면서 훨씬 말을 잘하게 된다.

내가 배운 것들을 정리해서 주변 사람들에게 알려주고, 무료 스터디도 하면서 더 많이 쌓아간다. 그렇게 쌓인 경험과 노하우로 '말 잘하는 법은 멀리 있지 않다. 생각 정리로 말하기 스킬 업' 주제의 책을 쓴다. 세미나도 연다. 자연스럽게 브랜딩이 된다.

이렇게 스스로 공부하고, 자료조사를 하면서 터득한 내용을 토대로 책을 쓸 수도 있다. 다만 시간이 좀 더 걸린다는 단점이 있다. 하지만 내가 해나가는 과정들을 하나하나 SNS에 공유하면서 내 찐 팬들을 만들어 놓으면 책은 나를 전문가로 만들어주는 도구로서 나를 브랜딩시킬 수 있다. 중요한 것은 퍼스널브랜딩이지, 책을 쓰는 행위 자체가 아니다.

4. 사회적 이슈와 트렌드에서 찾기

내가 아는 지식, 노하우 외에 사회적으로 떠들썩한 이슈와 트렌드를 공부하고 자료조사해서 쓸 수도 있다. 거기다 플러스로 나만의 특별한 소스를 뿌려주면 된다.

지금은 사그라진 코로나19지만 몇 년간 떠들썩했던 이 주제에 +재택근무를 넣어서 '지식창업', 'N잡 방법', '집에서 편안하게 돈 버는 방법' 등을 쓸 수 있다. 챗GPT에 +글쓰기를 넣어서 '저작권 및 유사문서에 걸리지 않으면서 마치 내가 쓴 것처럼 활용해서 콘텐츠 만드는 법', '인스타 콘텐츠 무한 생성하는 법' 등의 글을 쓸 수도 있다.

여기서도 중요한 것은 질문이다. '사람들이 어떤 문제점을 갖고 있지?', '이를 활용해서 무엇을 해결하고 싶어 하지?'라고 계속해서 질문하는 것이다. 트렌드는 그냥 나오지 않는다. 사람들의 니즈가 반영되어서 나온 것으로 그 니즈를 찾아서 시원하게 긁어주면 된다.

책에도 트렌드가 있다. 예스24 '채널예스'에서는 매년 책 트렌드를 분석한다. 이를 보며 지금까지의 트렌드를 읽고, 올해 내가 쓰고자 하는 분야의 트렌드는 어떠한지 스스로 분석해보자. 같은 주제라고 해도 어떻게 풀어내느냐에 따라 트렌드가 바뀔 수 있다. 그러니 내 주제는 트렌드에 맞지 않다고 포기하지 말고 어떻게 독자의 마음을 사로잡을 것인지 타깃 독자부터 명확하게 선정하자.

5. 다양한 경로를 통해 니즈를 파악한 키워드 찾기

친구와 나눈 대화, 직장상사와 나눈 대화, 사람들의 이야기, 요즘 떠도는 기사, 드라마, TV 프로그램 내용, 뉴스, 신문, 잡지 등을 통해 독자들의 니즈를 파악할 수 있다. 누구에게나 니즈가 있다.

몸짱이 되고 싶은 니즈, 재테크에 성공하고 싶은 니즈, 말을 잘 하고 싶은 니즈, 설득을 잘하고 싶은 니즈, 피부 미인으로 거듭나고 싶은 니즈, 건강하게 살고 싶은 니즈, 인간관계의 달인이 되고 싶은 니즈, 직장 생활을 잘하고 싶은 니즈, 상사의 사랑을 받고 싶은 니즈, 1인 창업으로 나만의 것을 만들고 싶은 니즈, 돈을 잘 벌고 싶은 니즈, 맛있는 음식을 잘 먹고 싶은 니즈, 예쁘게 집을 꾸미고 싶은 니즈 등 수많은 니즈 중에서 내가 줄 수 있는 것을 찾아야 한다.

그냥 사람들의 관심을 많이 받는다고 선택하는 것이 아니라, 내가 스스로 일관성 있게 계속해서 써 나갈 수 있는 것을 선택해야 한다. 다른 사람에게는 없는 오직 '나'에게서만 찾을 수 있는 콘셉트를 찾아야 한다.

나는 이 '책 쓰기 책'을 기획할 때 책 쓰기 관련 책들을 다 읽어보고, 사람들의 니즈를 파악했다. 그리고 내가 줄 수 있는 특별함을 넣어 콘셉트를 정했다.

1. 기획의도 및 콘셉트 : 책 쓰기 방법론은 많은데 실질적으로 어떻게 해야 할지, 자세한 사례로 푼 책이 없다. 원론적인 얘기뿐이다. 나는 다양한 사례를 풀어서 10주안에 무조건 내 책을 쓸 수 있는 실질적인 방법을 제시한다.

2. 타깃독자

대상 : 책을 통해 나를 브랜딩해서 돈 벌고 싶은 1인 기업, 스몰 비즈니스를 시작한 사람들

특성 : 긍정적이고 자기계발을 좋아하고 동기부여, 명언, 경제적 자유

에 관심이 많다.

관심사 : 내가 하고 있는 일을 브랜딩해서 수익화까지 이어지고 싶다. 이를 확실히 해주는 책 쓰기, 글쓰기에 관심이 있다. 10주 만에 나를 브랜딩해서 수익화할 수 있는 책 쓰는 법이 궁금하다.

고민 & 니즈 : '브랜딩 어떻게 해? 잘 모르는데', '책 쓰는 거 어려운거 아니야?', '책 쓰기 오래 걸리는 거 아니야?' 등의 고민을 갖고 있다.

3. 내 책의 콘셉트를 한 문장으로 표현하기

책 한 권으로 나를 브랜딩하는 하루 한 장, 10주안에 완성하는 책 쓰기 비법

이렇게 타깃독자를 정할 때 특성과 성격, 성별, 관심사까지 다 써보자. 정말 실제 사람을 모델로 쓰면 더욱 좋다. 그 사람을 설득하려면, 그 사람의 니즈를 충족시켜주려면 어떻게 쓰는 것이 좋을지 정할 때 훨씬 효과적이다.

내 글의 고객은 누구인가? 나는 어떤 콘셉트로 쓸 것인가? 앞의 5가지 중에서 키워드를 찾고, 나만의 특별함을 한 스푼 넣어보자. 하나의 문장으로 만들어질 것이다.

내 글에는 어떤 문체가 어울릴까?
평어체 VS 경어체

글 쓸 때 가장 고민하는 것 중 하나가 문체다. 반말로 쓸까, 존댓말로 쓸까, 강한 어조로 쓸까, 부드럽게 청유형으로 쓸까를 고민한다. 조금 고급스럽게 표현하면 반말은 평어체, 존댓말은 경어체로 쓸 수 있다.

국립국어표준대백과 사전에서는 아래와 같이 정의된다.

1. 경어체 : 말하는 상대방을 높여 공경의 뜻을 나타내기 위해 사용하는 문체.

예) '~습니다', '~요', '~입니까?', '~입니다'

2. 평어체 : 말하는 상대와의 관계가 분명하지 않거나 친밀할 때 쓰는 높이지도 낮추지도 않는 말

예) '～다', '～어', '～까?', '～해라'

뜻은 정확하게 알겠는데 여기서 문제는 '그래서 내 글은 어떻게 표현해야 하는가?'이다. 문체는 우리말로 '글투'라고 하는데 쓰는 이의 사상이나 개성이 글에서 드러나는 특색을 말한다. 좀 더 깊이 들어가면 구어체, 문어체, 논문체, 서사체, 간결체, 만연체, 화려체, 건조체 등이 있는데 뜻은 중요하지 않다. 우리는 '나를 브랜딩하는 책 쓰기 방법'이 궁금한 것이지 글쓰기 이론을 배우러 온 것이 아니다. 그냥 '이런 게 있구나.' 정도만 알고 넘어가자.

중요한 것은 '이 글의 장르는 무엇인가? 이 글의 주제는 무엇인가? 이 글의 독자는 누구인가? 이 독자들에게 어떻게 전달할 것인가?'이다. 스스로에게 이 4가지 질문을 하면서 내 글의 문체를 생각해보자.

일반적으로 평어체는 반말, 낮춤말로 전문성 있는 글을 쓸 때 사용한다. 칼럼, 자기계발서, 설명문이나 안내문, 간결하게 글의 의미를 정확하게 전달할 때 쓴다. 약간 딱딱한 느낌이 있지만 글의 내용을 명확하게 전달하고 핵심을 꿰뚫어 가독성을 높여준다.

경어체는 존대말, 높임말로 주로 에세이에 쓰인다. 블로그나 인스타 등 SNS에서도 좀 더 부드럽고 친절한 느낌을 주고 싶을 때 사용하기도

한다. 친절하고 따뜻한 느낌을 주어 독자에게 좀 더 가깝게 느껴진다.

그런데 모든 평어체가 전부 딱딱한 느낌을 줄까? 그렇지 않다. 말하듯이 쓰는 구어체인 경우 친근한 느낌을 줄 수 있다. 평어체에 문어체를 쓰면 좀 더 객관적이고 공적인 느낌을 준다. 칼럼이나 기사, 논문, 책을 쓸 때 좋다. 구어체는 '~인데', '그러니까~'처럼 말하듯이 쓰고, 문어체는 '~하는 것이다', '~일까?'로 표현하는 차이점이 있다.

다음 글을 같이 보자.

1. 아침 햇살이 눈부시게 빛나는 오늘, 따사로운 햇살을 바라보며 하루의 시작을 다짐해본다. 오늘은 혜진이와 만나는 날이다. 꼭 20년만의 만남이다. 초등학교 때 정말 둘도 없던 친구였지만 성인이 되고, 먹고 살기 바쁘다 보니 자연스레 멀어졌다.

2. 햇살이 눈부시게 내리쬡니다. 햇살도 제 마음을 아나 봅니다. 20년만에 만나는 초등하교 동창 혜진이와 만나기로 한 날입니다. 초등학교 때는 정말 둘도 없던 친구였는데 성인이 되고 먹고 살기 바쁘다 보니 자연스레 멀어졌었습니다.

느낌이 어떤가? 같은 글인데 완전히 다른 느낌을 준다. 평어체라고 해서 마냥 딱딱하지만은 않다. 어떻게 쓰느냐에 따라 다르다. 여기서는 좀 더 내 감정을 직관적으로 나타낼 수 있고, 일기처럼 편하다. 2번의 경어체는 좀 더 친절하고 다정다감한 느낌을 준다. 머릿속으로 따사로운 햇살이 그려지면서 가슴까지 따뜻한 기운이 감돈다. 글이라는 것은 이렇게 어떤 문체로 어떻게 표현하느냐에 따라 감정을 불러일으킨다.

아래 사례도 보자.

1. 성공하고 싶은가? 그렇다면 진정 내가 원하는 것, 무엇이 되고 싶은지 명확한 목표를 세워라. 다른 사람을 설득하는 목표가 아닌 나 자신을 설득하는 목표. 절대 하지 않으면 안 되는, 꼭 '이것'이어야만 하는 목표. 목표가 명확할수록 당신의 마음이 간절해지고 실제로 행동하게 된다.

2. 성공하고 싶으신가요? 그렇다면 우선 진정 내가 원하는 것, 무엇이 되고 싶은지를 찾아서 명확한 목표를 세워보세요. 다른 사람을 설득하는 목표가 아닌 나 자신을 설득하는 목표 말입니다. 절대 하지 않으면 안 되는, 꼭 '이것'이어야만 하는 절대 목표가 있으신가요? 목표가 명확할수록 당신의 마음이 간절해지고 행동하게 될 것입니다.

둘 다 목표와 성공에 대한 이야기를 하고 있지만 1번 평어체가 좀 더 강하고 단단한 느낌을 준다. 무엇이 '맞다, 틀리다'는 없다. 다를 뿐이다.

같은 이야기를 하지만 '나는 독자에게 어떻게 보이고 싶은가?', '나는 어떻게 전달하고 싶은가?', '어떤 주제로 어떻게 전달할 것인가?'를 생각하면 좀 더 쉽게 콘셉트를 잡을 수 있다.

　보통 핵심을 정확하게 전달하고 강력하게 주장하고자 한다면 평어체 + 논문체 + 간결체로 쓰고, 명확한 정보전달과 전문성 있는 내용을 전달하고자 한다면 경어체 + 문어체로 쓴다. 약간 병맛 같지만 친근감을 주고 싶을 때는 평어체 + 구어체로 쓴다. 평어체는 경어체 보다 약간 딱딱한 느낌이 있지만 간결하고 핵심을 꿰뚫어 가독성을 높여준다. 경어체는 부드럽고 친절한 느낌을 주어 에세이에 주로 쓴다. 너무 강렬하게 "~ 해야 해!"라는 게 거슬린다면 경어체로 부드럽게 "~해보는 게 어떨까요?"로 쓸 수도 있다. 다만 정보를 전달할 때 잘못 쓰면 '그래서 뭘 말하는 거지?'라는 생각이 들 정도로 겉도는 경우도 있어 말하고자 하는 핵심을 짚어주도록 해야 한다.

　김미경 저자의 『언니의 독설』, 정은지 저자의 『난생처음 사회생활』은 평어체이지만 딱딱하게 느껴지지 않고 오히려 친근한 옆집언니 느낌이다. "있잖아, 이건 이렇게 하면 좋아. 우리 이렇게 한 번 해볼까?"처럼 구어체가 들어갔기 때문이다. '이럴 땐 이렇게 하는 게 좋아.'와 '이럴 땐 이렇게 하라. 당신은 할 수 있다.'는 완전 다른 느낌이다. 같은 평어체라도 문어체나 구어체냐, 간결체냐, 논문체냐에 따라서도 달라진다.

　나는 주로 책을 쓸 때는 평어체로 쓴다. 자기계발서, 경제경영 도서를 주로 쓰다 보니 간결하고, 명확한 메시지를 전달하기 위해 쓰는 것이다. SNS에서는 경어체를 쓴다. 무조건 내 말이 맞는다고 주장하는 것이 아닌, 함께 소통하기 위함이다. 가끔 블로그에 책 리뷰를 쓸 때는 평어체로 쓰기도 한다. 내 생각과 철학, 관점을 직관적으로 표현할 때 좋다.

내가 무슨 주제로 어떤 콘셉트로, 누구에게 (독자) 쓸 것인지가 명확하면 문체는 그에 따라간다. 거기에 플러스 나만의 문체를 첨가하면 '이선영 문체'가 완성된다. 내가 쓴 글을 읽은 사람들이 하나같이 "머끄대장썬님이 직접 말하는 것 같아요. 목소리가 들리는 것만 같아요."라고 말하는 이유가 여기에 있다. 같은 평어체라도 각기 사람들마다 주는 느낌은 모두 다르다.

앞에서 주제, 콘셉트가 정해졌다면 문체 또한 쉽게 정해질 것이다. 내 글을 읽는 독자가 누구인지, 나는 어떤 방식으로 풀어나갈 것인지, 내 글을 읽고 독자가 어떤 것을 느꼈으면 좋겠는지, 어떻게 행동했으면 좋겠는지를 생각하고 나만의 문체를 완성해보자.

『이제, 글쓰기』 저자 제프 고인스가 한 말을 기억하자.

"자기를 담는 글을 쓰면 자연스럽게 자기만의 글을 쓰게 된다. 자기만의 문체가 만들어진다. 개인마다 다른 지문처럼 글의 지문이 만들어진다. 문장만 보아도 누구의 글인지 알 수 있다면, 그 글을 쓴 이는 이미 작가다."

잘 팔리는 책은 따로 있다!
경쟁도서, 참고도서 분석하기

　시중에는 내가 쓰고자 하는 주제의 책이 흘러넘친다. 이 책속에서 내 책을 픽(Pick)하게 하려면 명확한 콘셉트가 있어야 한다. '누구를 위해', '무엇을', '어떻게' 나타내고 있는지가 제목과 목차에 잘 드러나야 한다.

　무엇을 차별화할 것인가는, 내가 쓰고자 하는 분야의 경쟁도서를 분석해 보는 것부터 시작할 수 있다. 보통 책을 쓰기 위해서는 정말 많은 책을 읽어야 한다. '인풋이 있어야 아웃풋이 있다'는 말처럼 인풋을 위해 읽는 것도 있지만, 무엇보다 내 책의 방향성을 잡기 위함이다.

　나는 내 책을 쓸 때 최소 10~30권 이상의 책을 분석한다. 어떻게 차별화할 것인지, 내 글의 주제와 콘셉트를 명확히 한 다음, 제목과 목차를 만든다. 경쟁도서 분석은 평소 책을 읽을 때처럼 정독하지 않는다. 빠르게 넘기면서 필요한 부분만 발췌독하며 '분석'에 초점을 맞춰서 읽어야 한다. 책을 읽고 지식을 습득하는 게 목적이 아닌, 나만의 콘셉트를 잡기 위함임을 잊지 말아야 한다.

경쟁도서는 말 그대로 나와 경쟁할 도서를 말한다. 내가 쓰고자 하는 분야의 책을 모두 구입해서 읽는다. 정말 신기하게도 비슷한 분야에, 같은 주제임에도 다 다른 말을 한다. 같은 주장도 다르게 표현한다. 사례도 모두 다르다.

조직관리 및 팀 운영에 대한 책을 쓴다고 하자. 어떤 책은 '내성적인 사람도 조직관리할 수 있다.'에 초점을 맞추었고, 어떤 책은 '조직관리의 실질적인 방법'에 초점을 맞추었다. 같은 주제라도 모두 콘셉트와 타깃 독자가 다르다. 이 부분이 명확해야 글을 쓸 때도 길을 잃지 않고 끝까지 쓸 수 있다.

먼저 같은 주제의 책을 10권 사서 목차부터 하나씩 훑어보며 내 책의 목차를 어떻게 구상할지 머릿속으로 그려보자. 절대 내 머릿속으로만 모든 것을 만들려고 하면 안 된다. 내 머리를 믿지 말고, 내 카피라이팅 능력을 믿자. '모방은 창조의 어머니다.'라는 말처럼 일단 모방하자. 같은 내용이라도 어떤 식으로 풀어나가느냐에 따라 달라지기에 분석을 하면서 내 목차의 방향성을 잡을 수 있다.

내용 구성과 문체, 풀어나가는 방식등도 분석해보자. 각 경쟁도서의 차별점이 무엇인지 적고, 여기서 내 책에 들어갈 내용과 무엇이 다른지, 내 책에는 어떤 차별점을 둘 것인지도 함께 기록해보자.

아래는 실제 브랜딩 책 쓰기 마스터클래스 과정 작가님들의 경쟁도서 분석내용이다. 5권의 경쟁도서 분석 과제를 내는데 콘셉트를 잡지 못해 이리저리 흔들리다가도 분석하면서 잡히는 경우가 많다. 분석한 내용을 참고해보자.

⟨병원 업무 관련 책⟩

1. 내가 쓰려고 하는 방향과 가장 흡사하다. 본인의 경험담을 1부에서 얘기하다가 뒤로 갈수록 예시를 통해 사람들에게 정보를 전달하고 있다.

2. 예시와 사례를 통해 독자가 이해하기 쉽도록 알려주고 있다. 다만 1부에서는 경험담이 나열되어 공감이 갔지만 뒤로 갈수록 실제 행해야 하는 예시가 많아서 하나씩 실행해보지 않고는 이해가 어려워 가독성이 떨어졌다.

3. 나는 예시보다는 경험담 위주로 동기부여와 공감대를 형성할 것이다.

4. 앞장만 읽었을 때는 에세이인 줄 알았는데 점차 정보전달이 많은 것을 보고 왜 자기계발서로 분류됐는지 알게 되었다.

5. 평어체로 약간은 발랄하고 재미를 주면서, 가볍게 접근하는 느낌으로 써야겠다. 단, 실질적인 정보를 전달할 때는 신뢰를 주는 평어체로 쓰고, 문체 느낌이 조금 달라지니 부록으로 빼서 독자들이 활용할 수 있는 자료를 줘야겠다.

〈서비스 관련 책〉

1. 어설픈 자기 경험담은 신뢰를 떨어뜨릴 수 있다. 객관적인 자료, 객관화된 사례 위주로 써야겠다.

2. 이 책이 내 생각과 가장 비슷하다. 다만 이 책의 저자는 실무자가 아닌 전문강사이기에 실무자로서 조금 깊게 사례 위주로 써야겠다.

3. 평어체로 쓰되 신뢰를 줄 수 있도록 약간의 무게를 더해서 써야겠다.

〈대화법 관련 책〉

1. 서문의 첫 문장이 궁금증을 자아냈고 시적인 표현으로 멋스러움이 느껴졌다. 나도 이런 식으로 프롤로그를 써보면 좋겠다.

2. 말과 글의 중요성에 대한 부분을 내 책에 '면접 잘 보는 방법'에 참고해서 써야겠다.

3. 이 책은 말의 경험담 위주로 썼는데 나는 사건들의 경험으로 깨달음을 얻은 내용을 위주로 풀어나가야겠다.

4. 이 책의 문체는 따뜻한 느낌이었다. 나는 김미경 작가님의 『언니의 독설』같은 느낌처럼 '내가 알려줄게.' 같은 구어체로 써야겠다.

이렇게 분석하다 보면 내가 쓰고자 하는 책의 콘셉트와 문체도 명확해진다. 콘셉트가 명확하지 않은 책은 독자에게 외면받는다. '왜 내 책을 사야 하는가?'라는 질문에 답을 할 수 있는 내 책의 '차별성'이 명확해야 한다. 그저 '내 책의 차별점은 무엇인가요?'라고 질문하면 바로 답을 하기 어려울 수 있다. 경쟁도서를 분석해보면서 내 책의 차별점을 찾으면 훨씬 쉽고 빠르게 찾을 수 있다.

어렵지 않다. 먼저 한글이나 워드파일, PPT든 내가 편하게 사용하는 툴을 실행하자. 가장 상단에 '경쟁도서 분석'이라고 적는다. 경쟁도서 5권을 펼쳐놓고 질문에 답을 하며 읽어본다.

첫째, 상단에 내가 쓰고자 하는 분야의 주제를 적어보자. '책 쓰기', '조직관리', '엄마의 자기계발', '내면아이', '직장생활', '영업' 등 키워드로 적어보자.

둘째, 경쟁도서 사진과 제목을 적는다. 표로 만들어서 왼쪽에 사진과 제목, 오른쪽에 질문에 대한 답을 써도 좋다.

셋째, 질문에 답을 적으며 읽는다.

1. 이 책에서 말하는 핵심 키워드는?

2. 어떻게 풀어 가는가? 사례 위주? 경험 위주? 근거자료 위주?

3. 쉽게 술술 읽히는가?

4. 독자의 문제를 해결해주는가?

5. 무엇을 얻었는가? 공감과 위로? 힐링? 유용한 정보? 구체적인 방법?

6. 문체는 어떠한가? 어떤 느낌의 글인가?

7. 이 책의 차별점은 무엇인가?

8. 내 책에 적용할 것은?

나는 '책 쓰기' 책을 쓰기 위해 20권 이상의 책을 분석했고, 나만의 차별점을 담은 콘셉트를 찾았다. 바로 '책 한권으로 나를 브랜딩하는 하루 한 장, 10주에 완성하는 책 쓰기'다. 퍼스널브랜딩 시대, 어차피 책을 써야 한다면 나를 브랜딩해서 수익과 연결할 수 있다면 금상첨화다. 10주 안에 어떻게 책을 완성할 수 있는지 주차별 실제 해야 할 것들을 사례와 함께 자세하게 풀어쓰기로 했다. 여기저기 유튜브나 블로그 등지에 떠돌아다니는 누구나 아는 내용 말고, 실질적인 사례와 방법을 제시한다. 책을 다 읽으면 혼자 스스로 책을 쓸 수 있게 말이다.

경쟁도서 분석은 내가 쓸 책의 방향과 콘셉트를 잡는 데 큰 기준이 되는 것뿐만 아니라 출간가능성을 판단하는 기준이 된다. 내가 쓰려고 하는 책의 주제를 검색했을 때 너무 많이 나와도 문제지만 너무 없어도 문제다. 많으면 내 책을 어떻게 차별화할 것인가에 초점을 맞춰야 하고, 적거나 없으면 독자의 수요가 적다는 뜻이기에 먼저 수요 확인부터 해야 한다. 수요는 있으나 아직 책이 없다면 이건 황금 같은 기회다. 그들의 니즈를 충족시켜줄 책을 쓰기만 하면 된다.

경쟁도서 외에 참고도서도 필요하다. 참고도서는 내가 쓰고자 하는 분야와 상관없지만 내 생각을 보충해줄 수 있는 책으로 선정한다. 예를 들어 '책 쓰기 책'을 쓸 때 경쟁도서는 '책 쓰기' 관련 책을 선정하지만 참고도서는 마인드 세팅, 잘나가는 사람들의 성공사례가 가득 담긴 책들로 선정하는 것이다. 그들 또한 책을 쓰거나 글쓰기로 상품을 매력적으로 포장해서 판매한 경험이 있다. 그 경험에 대한 사례를 내 책에 인용하기 위해 읽는 것이다.

내 사례만 가득한 책은 '지 자랑 책'이 되어버린다. 신뢰를 주지 못한다. 다른 사람의 사례와 특히 유명한 사람들의 사례도 함께 적절히 조합하면 내가 주장하는 것에 근거가 되어준다. 이때, 여기저기 검색해서 찾아 짜깁기한 내용이 아닌, 책을 읽고 그 속에서의 저자의 생각과 신념을 보며 나만의 것으로 만들어서 활용하는 게 좋다. 출처가 불분명한 사례는 추후 문제가 될 수 있다.

경쟁도서, 참고도서 모두 종이책에 국한되지 않아도 좋다. 블로그나 브런치, 인스타에 잘 정돈된 글도 내 책의 콘셉트를 잡는 데 도움이 된다. 내 책의 콘셉트와 차별점이 명확하지 않다면 먼저 경쟁도서 분석부터 해보자.

제목이 내 책을 죽이고 살린다! 제목 만드는 10가지 법칙

내 책을 잘 판매하기 위해서는 매력적이고 섹시한 제목을 만들어야 한다. 제목만 봐도 '아 이 책은 0000 얘기를 하는구나.'라는 게 드러나야 한다. 그러기 위해서는 콘셉트가 명확해야 한다. 이 책을 쓰고자 하는 기획 의도와 콘셉트를 한 문장으로 쓰고 가장 콘셉트가 잘 드러날 수 있는 제목을 픽해야 한다.

제목은 첫인상이다. 보통 첫인상은 3초 안에 결정된다고 한다. 책도 마찬가지다. 그냥 보자마자 '이거다!' 하고 집는 것이다. 여기에 플러스 목차까지 완벽하게 세팅되었을 때 독자의 선택을 받을 수 있다. 제목과 더

불어 표지도 중요하다. 서로 어우러져 그 책의 느낌을 독자에게 전달하고, 독자는 그 느낌에 따라 책을 선택하게 된다.

『칭찬은 고래도 춤추게 한다』책, 아마 많이들 알 것이다. 너무나도 유명한 책으로 밀리언셀러다. 원래 이 책의 제목은 『칭찬의 힘』이었다. 직관적이지만 매력이 없다. 왠지 EBS 교육방송에서 나올 것만 같은 제목이다. 그에 반면 '칭찬은 고래도 춤추게 한다.'는 같은 칭찬이야기지만 훨씬 매력적이다. 머릿속에 춤추는 고래가 그려지면서 괜히 내 어깨도 으쓱해진다. 칭찬받을 때 으쓱해지는 그 느낌이 그대로 제목에 드러난 것이다.

혜민스님의 『멈추면, 비로소 보이는 것들』도 원래 제목은 『조금만 더 천천히 가세요』였다. 제목을 바꾸고 200만 부 넘게 팔리는 베스트셀러가 되었다. 파울로 코엘료의 『연금술사』는 원래 1993년에 『꿈을 찾아 떠나는 양치기소년』으로 출간되었다. 처음 나왔을 때는 빛을 보지 못했지만 2001년 제목을 바꿔 출간 후 대박을 쳤고, 스테디셀러가 되었다. 2008년 스샤오예의 『내 인생을 빛내줄 보물지도』 또한 출간 후 반응이 전혀 없었다. 출판사는 『내 편이 아니라도 적을 만들지 마라』로 제목을 바꾸었고 베스트셀러가 되었다. 바이췌엔전의 『성공하고 싶을 때 일하기 싫을 때 읽는 책』의 원래 제목은 『삶을 맛있게 요리하는 인간관계 레시피』였다.

이 외에도 제목을 바꾸고 성공한 케이스는 정말 많다. 목차와 안에 내용을 바꾼 것도 아니다. 그저 제목과 표지만 바꾸었을 뿐인데 아무도 모르던 책에서 베스트셀러가 된다. 그만큼 제목은 중요하다. 아무도 읽지 않는다면 책이 아니다. 책을 썼다면 반드시 팔려야 한다. 그리고 그 팔리기 위한 요건은 '제목'이다.

자. 그럼 잘 팔리는 제목을 만드는 9가지 법칙을 하나씩 살펴보자.

1. 타깃독자를 선정하고, 그들에게 이익을 준다는 것을 제시한다.

독자는 자신의 이득이 있을 때 움직인다. 이 책을 읽고 무엇을 얻을 수 있는지 그 이득을 명확하게 제시해주어야 한다.

『마흔에 읽어야 할 손자병법』, 『마흔에 읽는 니체』, 『서울대 법대 아빠의 초등국어 공부법』, 『산만한 아이 집중력 키우는 법』, 『식사만 바꿔도 젊어집니다』, 『무례한 사람에게 휘둘리지 않는 법』, 『이 책은 돈 버는 방법에 관한 이야기』 등 제목에 타깃독자가 있다. 그리고 그들이 이 책을 읽었을 때 무엇을 얻어갈지 명확하게 드러난다. 한동안 '마흔'을 타깃으로 한 책이 조용하다가 다시 급물살을 타고 수면 위로 올라왔다. 내가 쓰고자 하는 글의 타깃과 그들에게 줄 이득을 넣어 제목을 만들어보자.

2. '지금 당장' 읽어야 하는 중대한 일임을 인식시킨다.

『오늘부터 1,000만 원으로 부동산 투자 시작』, 『100일 만에 클래스101 크리에이터가 된 비법 : 생각을 성과로 바꾸는 마법의 꿈지도』 등 수많은 책 중 굳이 왜 내 책을 읽어야 하는지, 지금 당장 읽어야 하는 이유가 드러나야 한다. 제목에 숫자와 노하우, 비결, 전략, 비법이라는 키워드를 담아 지금 당장 행동에 옮길 수 있도록 제목을 만들어보자.

3. "뭐지? 왜 그런 거지?", "너무 궁금해." 호기심을 넘어 궁금해서 참을 수 없게 만들어야 한다.

『느긋하게 웃으면서 짜증내지 않고 살아가는 법』, 『일놀놀일』, 『되받아치는 기술』

'어떻게 웃으면서 짜증내지 않고 살아가지?', '일놀놀일이 뭐야? 일하고 놀고, 놀고 또 일한다는 건가?', '되받아친다고? 어떻게?'라며 독자의 궁금증을 유발시키는 제목을 만들어보자.

4. "그게 가능하다고?" 흥미를 유발해야 한다.

『저는 이 독서법으로 연봉 3억이 되었습니다』라는 제목을 보면 '뭐? 독서법 하나로 돈을 번다고? 그게 가능해?'라며 흥미가 생긴다. '나도 책 읽고 연봉 3억을 벌고 싶다'는 마음이 들면 바로 책을 사게 된다. '그게 가능하다고?'에서 '나도 그렇게 되고 싶다.'로 바뀔 수 있는 제목이면 더욱 좋다.

『걷기만 해도 병이 낫는다』, 『발이 건강하면 병의 90%는 낫는다』, 『나는 대출 없이 0원으로 소형 아파트를 산다』 등 흥미를 유발하는 제목을 만들어보자.

『나는 왜 이 일을 하는가』, 『공감은 어떻게 기업의 매출이 되는가』처럼 질문을 통해 독자들이 가지고 있던 의문에 대한 해결을 해줄 수 있을 것이라는 기대감과 호기심을 자극할 수도 있다. '맞아. 내가 왜 이 일을 하는 거지? 내가 그동안 그런 생각을 하고 일을 했었나?' 하는 자문자답을 통해 책에 대한 호기심을 이끌 수 있다.

5. "이걸 읽으면 이런 걸 알 수 있구나." 하는 명확한 이유가 드러나야 한다.

『걱정, 초조, 두려움을 뛰어넘는 61가지 심리기술 신경 쓰기 연습』, 『일하는 사람들을 위한 MBTI』, 『무조건 통하는 피드백, 강점 말하기』, 『카피의 기술』

실용서나 자기계발서의 경우 이를 통해 내가 무엇을 알 수 있는지, 얻게 되는 게 뭔지 명확하게 보여줄 수 있어야 한다. 너무 많은 정보의 홍수 속에 타깃이 진짜 필요한 것을 줄 수 있어야 한다. 그리고 그 필요한 것이 제목에 잘 드러나야 한다.

6. 독자의 감성, 감정을 어루만지고, 그 감정을 대신할 수 있는 것이어야 한다.

『당신은 생각보다 강하다』, 『적당히 느슨하게 조금씩 행복해지는 습관』, 『나는 단단하게 살기로 했다』, 『가족이지만 타인입니다』, 『가끔은 이기적이어도 괜찮아』등 감성적이고 공감을 불러일으키는 제목을 만든다. 보통은 에세이에 주로 쓰이는 제목들이다.

7. 의외성, 발상을 뒤집는 제목으로 호기심을 끈다.

『악인론: 닥치고 성공해 누구에게도 지배받지 않는 삶』, 『잘살아라, 그게 최고의 복수다』, 『솔직히 당신 열정엔 관심 없어요』, 『빠르게 실패하기』, 『당신은 일을 못 하는 게 아니라 말을 못 하는 겁니다』, 『뛰지 마라, 지친다』

제목만 봐도 "응?" 하는 의외성을 주어야 한다. 대부분의 자기계발서는 '잘해보자.', '어떻게든 할 수 있어.'라는 의미가 들어가는데 앞의 제목들은 발상을 뒤집는다. 서로 어울리지 않는 키워드를 조합하거나 상황에 맞지 않거나 반대되는 제목으로 호기심을 끌어보자.

『우아한 승부사』, 『죽은 경제학자의 살아 있는 아이디어』, 『완벽하지 않을 용기』, 『나는 공짜로 공부한다』처럼 역설적으로 쓸 수 있다. 우아한데 승부사를 하거나 '완벽할 용기'가 아닌 '완벽하지 않을' 용기라거나 공부를 하는데 공짜로 공부하는 등 일반적이지 않은 단어의 조합으로 반전의 재미를 주는 것 또한 제목으로 매력적이다. 단 여기서도 주의해야 할 것은 책 내용을 아우르고 있어야 한다는 것이다.

8. 숫자 제시로 궁금증을 유발한다.

『6주 만에 완성하는 친절한 부동산 경매과외』, 『경매 초보가 꼭 알아야 할 질문 TOP 88』, 『미국 상위 1%부자들의 7가지 건강습관』, 『16년차 월급 쟁이, 2년 만에 경제적 자유를 얻은 실천 독서법』

명확한 숫자를 제시하면 '이것만 하면 나도 되겠지?'라는 자신감이 생긴다. 이것만 알면 될 것 같고, 이것만 하면 될 것 같은 생각. '쉽고, 빠르게 갈 수 있다.', '그 방법을 알려주겠다.'는 형식의 제목은 언제나 독자의 마음을 사로잡는다.

9. 결점을 그대로 드러내어 호기심을 유발한다.

실제 전자책은 이런 제목들이 잘 팔린다. 『반지하 셋방에서 살던 30대 청년이 월 천만 원 버는 자수성가 기업가로 성공한 이야기』, 『흙수저 찐따에서 '사장님' 소리 듣기까지 단 3개월』

'원래 내가 이러이러했는데 지금은 이렇게 잘 살고 있어. 그러니까 당신도 할 수 있다.'는 것을 강조하는 것이다. 결점이지만 그 결점이 받침대가 되어 도약할 수 있었다는 이야기를 담아보자. 평범한 사람도 할 수 있다, 찌질한 나도 할 수 있다는 메시지를 전달한다.

10. 말장난 같은 제목으로 눈길을 끈다.

『나쁜 건 넌데 아픈 건 나야』, 『내가 예민한 게 아니라 네가 너무 한 거야』, 『할 일이 아닌 한 일을 기록하라』, 『말투 때문에 말투 덕분에』 이런 제목들은 얼핏 보면 말장난 같으면서도 재미있다. 이때 말장난으로만 끝나서는 안 되고 어떤 내용의 글을 담고 있는지 알 수 있어야 한다. '나쁜 건 넌데 아픈 건 나야.'는 상대로 인해 상처받은 이야기를 할 것이라는 것, '할 일이 아닌 한 일을 기록하라'는 기록의 중요성에 대한 이야기를 할 것이라는 기대를 갖게 된다. 재미있는 제목은 시선을 끌고, 잊지 않고 각인시킬 수 있다.

제목 자체만으로 '아, 이런 내용이겠구나.'라는 게 드러나야 한다. 책 내용을 포괄하면서 호기심을 유발하고, 지금 당장 행동해야 하는 중요한 일이라는 것이 함축되어야 한다. 제목은 심플하게 하고 부제목으로 설명을 뒷받침해주는 것도 좋다. 그저 '이런 제목이 좋더라'는 말에 일단 어그로를 끄는 제목을 짓고, 내용과 전혀 맞지 않으면 결국 독자의 외면을 받게 된다. 그렇다고 너무 빤하게 내용이 유추되는 제목이어서도 안 된다. 이 책을 통해 독자가 얻게 되는 이득도 들어가면 더욱 좋다. 1년 만에 성공하는 법, 2년 만에 ○○하는 법, 4주안에 ○○하는 비법 등 이를 통해 나도 할 수 있다는 희망과 기대를 불러일으킨다. 나도 할 수 있을 것 같고, 도전해보고 싶다는 생각은 구매로 이어진다.

앞의 10가지 법칙을 보고, 나는 어떤 매력적인 제목을 만들지 고민해보자. 어차피 지금 내가 만든 제목으로 출간되지 않을 수도 있다. 지금 만드는 제목은 출판사의 마음을 사로잡기 위함이다. 출판사의 픽을 받고 계약을 하기 위해서는 요즘 트렌드와 시의성에 맞는지도 잘 봐야 한다.

코로나가 잠잠해진 요즘 갑자기 코로나 관련 책을 쓴다거나 잠잠해진 코인이나 메타버스 이야기는 전혀 관심을 받지 못한다.

　내가 만든 제목이 너무 괜찮아서 그대로 출간되기도 하지만, 편집 완료 후 출간되는 시점에 제목이 바뀌기도 한다. 내 첫 책, 『20대, 발칙한 라이프 쫄지 말고 당당하게』의 원제는 '나쁜 여자가 성공한다'였다. 당시 '나쁜 여자'는 한물 간, 구시대적인 이야기였다. 그래서 내가 투고한 글은 거의 사장 위기였다. 그런데 우연히 내가 투고한 출판사에 다른 출판사 친구가 놀러갔다가 원고를 봤고, 제목만 바꾸면 좋겠다고 판단을 한 대표님이 내게 연락을 준 것이다. 목차도 너무 좋은데 제목이 별로라며 내 목차의 내용을 매력적으로 구성해서 제목을 바꿨다. 그렇게 내 첫 책이 나올 수 있었다.

　그러니 지금 당장 멋진 제목을 만드는 데 힘 빼지 말자. 일단 직관적인 가제목을 만들어 놓았다가 글 쓰는 중간에 바꿔도 좋고, 출판사에 투고하기 전에 수정해도 좋다. 전체적인 글의 방향성과 콘셉트, 분위기를 나타내는 정도면 된다.

독자를 유혹하는 목차
만드는 법

　제목이 독자의 눈길을 잡아 끌어내는 도구였다면, 목차는 책을 읽게 만드는 힘을 준다. 잘 쓴 목차는 책을 끝까지 읽게 만드는 힘이 있다. 작가는 이 목차를 따라 소제목의 주제에 집중해서 글을 쓸 수 있다.

　목차를 만드는 것은 목표를 세우는 것과 같다. 내 인생의 목표 하나에 10년 뒤 목표, 5년 뒤 목표, 1년 뒤 목표, 1달 뒤 목표, 하루 목표로 세분화되듯이 목차도 큰 제목 하나에 대목차, 중목차로 분류되고, 소제목, 즉 꼭지로 마무리된다. 꼭지는 하루 목표와 같다. 매일 그날 해야 할 가장 중요한 일을 해내야 하듯, 하나의 꼭지는 하나의 주제를 담아야 한다. 목차를 그저 단락의 제목으로 생각하면 안 된다. 보통 우리가 목표한 바를 이뤄내지 못하는 이유는 계획에서 실패하기 때문이다. 목표를 잘게 나누어야 성공한다. 목차도 마찬가지다. 잘게 나누어서 흐름을 만들고, 명확한 주제를 담아야 한다.

목차는 대목차, 중목차, 소목차로 나뉜다. 보통 대목차 5~6개, 그 아래 소목차가 각각 7~8개씩 들어간다. 대목차는 부, 장, PART로 나뉘고, 소목차는 절이라고도 부르며 일반적으로는 '꼭지'라고 한다. 대목차에 바로 소목차가 붙기도 하지만, 중간에 중목차가 들어가기도 한다.

목차를 만들 때 흐름이 있어야 한다. 그 흐름은 '독자의 마음 흐름'과 같아야 한다. 제목과 목차만 보고도 독자의 마음을 사로잡을 수 있어야 한다. 그러기 위해서는 목차에서도 서론, 본론, 결론이 있어야 한다. 5장까지가 목차의 총 구성이라면 1, 2장은 서론으로 '왜 이 책을 읽어야 하는지에 대한 이유'가 나타나야 한다. 방법론적인 책이라면 1장만 서론으로 풀고, 2~4장을 모두다 본론으로 넣을 수도 있다. 2장에는 문제제기에 대한 받침, 그 문제를 어떻게 해결할 수 있는지, 무엇부터 해야 하는지 'WHAT'을 넣어준다. 3~4장은 'HOW'로 방법을 풀어준다. 그래서 뭘 어떻게 해야 하는지 세세하게 풀어주는 것이다. 5장에는 결론을 다시 한 번 정리해준다. 1~4장까지 말했던 내용들을 모두 아우르는 장이다. 경우에 따라 5장을 생략하고 HOW로만 마무리하기도 한다.

나는 이 책에서 1부에 왜 책 쓰기로 퍼스널브랜딩을 해야 하는지 문제를 제기하고, 왜 이 책을 읽어야 하는지 이유를 제시했다. 그리고 2부에는 하루 한 장, 10주 만에 끝내는 책 쓰기 과정을 주차별로 담았다. 1장에는 '내 책의 내비게이션이 되어주는 기획'을 담아 그 문제를 해결하기 위해서는 무엇부터 해야 하는지를 보여준다. 2장, 3장에서는 매일 한 장씩 글 쓰는 방법을 알려주고, 4장에서 퇴고하는 방법을 다룬다. 10주 동안 따라만 하면 책을 쓸 수 있도록 구성한 것이다. 3부에서는 책이 나오고 나서 이 책을 활용한 홍보비법과 브랜딩 방법에 대해 다룬다. 단순히 책을 쓰고 끝이 아니라 홍보와 마케팅을 통해 퍼스널브랜딩을 단단하게 다질 수 있도록 설계한 것이다.

다른 책들도 몇 가지 함께 살펴보자. 다음은 내 책 『당신이 지금 창업을 해야 하는 이유』의 목차를 분석한 것이다. 목차가 길어 중략했다.

『당신이 지금 창업을 해야 하는 이유』

Part 1. 현대판 노예로 사는 당신에게

01. 사표! 던질 것인가? 말 것인가?

02. 젊은 나이에도 은퇴할 수 있다

→ Part1에서는 젊은 나이에도 은퇴할 수 있다며 '이 책을 읽으면 가능하다'는 이유를 드러낸다.

Part 2. 평범한 사람도 억대 수입이 가능하다

01. 고달픈 월급쟁이, 역전을 준비하라

02. 전직도 전략이다

→ 1장을 받쳐주면서 평범한 사람도 억대 수입이 가능하다는 것을 알려준다.

Part 3. 그들은 어떻게 성공했을까

01. 취미를 돈으로 바꾼 사람들

02. 잘 나가는 강사, 독하게 벤치마킹하라

→ 실제로 성공한 사람들의 사례와 함께 앞의 '이 책을 읽어야 하는 이유'를 뒷받침해준다.

Part 4. 1인 창업으로 성공하는 9가지 법칙

01. 하고 싶은 일을 찾아라.

02. 지식, 정보, 경험, 노하우를 콘텐츠화하라

→ 해법과 대안을 제시하면서 방법을 푼다.

Part 5. 배움을 돈으로 바꿔라

01. 월급쟁이 부자는 없다

02. 관점을 바꾸면 돈이 보인다

→ 지금까지 얘기한 것들을 토대로 응용할 수 있는 것들을 알려준다. 전체를 아우르면서 1인 창업으로 젊을 때 경제적 자유를 누리라고 강조한다.

저자 앤절라 더크워스의 『그릿』의 목차를 살펴보자. 1, 2장에서 그릿이란 무엇인지, 왜 우리는 재능에 현혹되는지, 이 책을 쓰게 된 이유와 문제를 나타낸다. 3장에서는 '재능보다 두 배는 중요한 노력. 성취 = 재능 × 노력2'이라는 제목으로 앞의 1, 2장을 뒷받침한다. 6~11장은 그릿을 키우는 방법론에 대해서 말한다. 마지막 12~13장에서는 그릿으로 인해 성공한 이야기를 보여주고, '그릿이 성공의 전부는 아니다'며 전체를 아우르면서 꾸준한 노력과 실행을 하자고 마무리한다.

자, 이제 목차의 구성에 대해 알아보았으니 목차를 만들어보자.

1. 소목차를 생각나는 대로 쓴다.

내가 쓰고자 하는 것을 나열해보는 것이다. 세련되고 매력적인 목차를 만들려고 하지 말고 직관적으로 쓰자.

예를 들어 직장생활에 대해 쓰고 싶다면 '졸업 후 나의 꿈의 직장, 설렘과 함께 시작한 첫 사회생활, 출근한 지 일주일 만에 퇴사하다, 이렇게 살고 싶지 않아 공부했는데 결국 그저 그런 곳에 취업했다.' 등 자신의 스토리를 담은 소제목을 써보는 것이다. 쓰다 보면 중복으로 쓰기도 한다.

그런 것 생각하지 말고 그냥 생각나는 대로 쓰자.

나는 목차를 만들 때 '씽크와이즈'를 활용한다. 마인드맵의 한 종류로 알마인드나 마인드맵 어떤 것이든 활용하면 된다. 강의, 컨설팅을 할 때부터 써오던 툴이라 손에 익어 계속 쓰고 있을 뿐 툴은 무엇을 사용하든 상관없다. 다만 마인드맵 종류로 쓰면 좋은 점은 내 생각을 브레인스토밍 하듯이 계속해서 쓸 수 있고, 들여쓰기, 옮기기를 통해 빠르고 쉽게 목차를 만들 수 있어 추천한다.

2. 소목차 아래에 어떤 내용이 들어갈지 간략하게 쓰자.

짧게 어떤 내용으로 풀어쓸지 1~2줄 정도 넣어놓자. 제목만 덩그러니 있으면 나중에 보면 무슨 내용으로 쓰려고 했던 것인지 알지 못하는 경우가 있다. 간략하게라도 꼭 써놓자.

3. 소목차를 40~100개 정도 쓴다.

최소 40개 이상 쓰자. 보통 한 책의 소목차는 40개 정도다. 그러니 40개 이상 많이 만들어놓자. 그중 버릴 것은 버리고, 중복되는 것은 합치면서 추려나가면 된다.

4. 다 썼으면 대목차로 묶는다.

소목차를 앞의 목차 분류를 참고해서 묶는다. 이때 시간 순서나 순차

적 배치는 하지 말자. 재미없다. 내가 말하고자 하는 흐름에 맞게 목차를 배치하면 된다.

부	장	절	핵심 내용
환자가 몰리는 병원은 1%가 다르다	마케팅 편	마케팅은 인식 싸움이다.	어떻게 포지셔닝할 것인가? 교정 전문 치과, 척추 전문 병원, 관절 전문 병원, 재수술 전문 성형외과 등 진료 과목을 특화시켜 포지셔닝.
		어떻게 홍보할 것인가.	마케팅은 연애다. 기념일 때마다 일회성에 그치는 이벤트 말고 신환 경로 파악으로 맞춤 마케팅을 한다.
		가격으로 경쟁하지 마라.	가격보다 더 높은 가치를 보여주어라.
	서비스 편	진료 잘하는 병원은 흔하다.	고객 감동을 넘어 고객경험 관리를 하라.
		환자 중심의 CRM을 하라.	진료 특화 프로그램, 차별화된 개인별 의료 서비스 제공.
		불만 환자 관리에 집중하라.	불만 환자 관리일지, 관리방법.
	팀워크 편	매뉴얼보다 더 중요한 것은 팀워크다.	각자의 역할 충실히, 업무분담.
		원장과 직원은 파트너다.	파트너로서 소통하며 시스템 구축.
		하루 10분, 소통시간을 가져라.	아침회의, 월말회의, 부서별 회의법.
		직원이 만족해야 환자도 만족한다.	병원의 비전, 목표 공유, 직원 만족도 확인, 건강한 병원 문화 만들기

내 2번째 저서 『병원 매출 10배 올리는 절대 법칙』의 목차를 분류해본 것이다. 이런 식으로 1부, 2부로 대제목을 나누고, 각 부별 1장, 2장, 3장의 중제목으로 나누고, 장제목 아래 1, 2, 3의 소제목, 즉 꼭지제목을 만든다. 소

제목별 들어갈 핵심내용이 있어 글을 쓸 때 흔들림 없이 나아갈 수 있다.

5. 다 만든 후에 섹시하게 목차를 바꾼다.

직관적으로 쓴 목차를 매력적이고 섹시하게 바꿔주는 것이다. 이때 혼자 생각만으로 만들지 말자. 온라인 서점에서 다양한 책을 검색하고 목차를 보자. 내 책의 경쟁도서뿐 아니라 참고도서 목차도 살펴보자. 어떻게 구성되었고, 어떻게 풀어나가는지 보고 그 책의 목차를 살짝 비틀어서 만들 수도 있다. 혹은 내가 읽고 있는 책 속 내용에서나, TV 드라마나 예능 프로그램, 유튜브, 잡지 등 어떤 것이든 참고할 만한 것들을 보고 살짝 비틀어서 각색해서 써보자.

예를 들어 『사장이 전부다』라는 책 제목을 각색해서 '꿈이 전부다'로 소제목을 만들거나, '정답이 없는 시대' 소제목을 '지금은 개인 브랜딩 시대'로 각색할 수 있다. 내가 쓰고자 하는 글의 주제에 맞게 적당히 비틀어서 사용하는 것이다.

목차를 다 만들었다면 이제 글쓰기 시작이다. 목차에 이미 글의 방향성과 흐름이 다 정리되었기 때문에 그에 맞춰 적기만 하면 된다. 글쓰기의 반이 끝난 것이다. 글을 쓰다 보면 다 만든 목차지만 탈고하면서 목차를 바꾸기도 하고 재배치하기도 한다. 그러니 처음부터 완벽하게 한다는 생각은 내려놓자.

2장

하루 한 장, 40개 글 완성

내 글의 재료, 글감, 사례수집
6가지 방법

주제와 콘셉트, 목차까지 나왔으면 이제 글을 쓰면 된다. 그런데 막상 책상 앞에 앉아서 글을 쓰려고 보니 도대체 어떻게 시작해야 할지 감이 잡히지 않는다. 그렇다고 주구장창 내 이야기만 쓰면 설득력이 떨어진다. 이럴 때 어떻게 해야 할까?

글이 재미있고 풍부해지려면 글 재료를 많이 모아야 한다. 글 재료 중 가장 A급 재료는 실제 경험하고 쌓은 노하우와 지식이다. 이걸 얼마나 매력적으로 잘 포장하느냐에 따라 내 글이 살기도 하고 죽기도 한다. B급 재료는 유명한 사람들의 말이나 경험, 책 속의 글, 명언 등이다. 책을 읽고, 그 책 내용의 일부를 갖고 와서 인용한 다음 느낀 점이나 내 생각을 이어 붙여 쓸 수 있다. 가장 하위 등급인 C급 글 재료가 '온라인 검색으로 찾은 정보'다. 남의 것을 그대로 베껴 쓰면 C급이고, 이 정보를 잘 각색해서 내 것으로 만들면 A, B등급이 되기도 한다.

나는 피자를 좋아한다. '피자' 하면 이탈리아가 떠오른다. 본토 '진짜 피자'를 먹으려면 비행기를 타고 이탈리아에 직접 가서 먹어야 한다. 꼭 가지 않더라도 우리나라에서도 맛있는 피자를 먹을 수도 있다. 여기서 피자는 '글감'이다. 이탈리아에 직접 가서 먹는 게 '내 경험, 스토리'이고, 다른 사람에게 들은 이야기나 온라인 검색으로 찾은 정보들이 바로 '동네에서 먹는 피자'다. 내 경험만 들어가도 안 되고, 남의 얘기만 들어가도 좋지 않다. 내 경험과 지식과 노하우를 바탕으로 하되, 여러 재료를 적절히 섞으면 진짜 살아 있는 글이 된다.

글 재료가 많다고 해서 글을 잘 쓰는 건 아니다. 어떤 글 재료를 갖고 있느냐보다 그 재료를 '어떤 시각'으로 보느냐에 따라 달라진다. 자, 지금 당장 냉장고 문을 열어보자. 안에 두부, 생선, 김치, 돼지고가, 파, 마늘, 양파가 있다. 이 재료들을 보면서 뭘 해먹어야 할지 계획이 서는가? 요리를 잘하는 사람은 뭘 해먹어야 할지 머릿속으로 그려지지만 요리를 못하는 사람은 재료의 날 것 그대로 해먹는다. 두부가 있으니 '두부 구이', 생선이 있으니 '생선 구이', 김치와 돼지고기가 있으니 '돼지고기 김치찌

개' 정도로 말이다.

글 재료를 보는 '눈'도 마찬가지다. 이 눈을 기르기 위해서는 아이러니하게도 글을 많이 써야 한다. '글을 잘 쓰기 위해 필요한 눈을 기르기 위해서 글을 써야 한다'는 말이 이해하기 어려워도 사실 이게 정답이다. 쓰면서 글을 읽어야 '아 이건 좋은 재료구나', '아 이건 이렇게 좀 비틀어서 내 생각을 넣으면 좋겠다.' 등 분리를 할 수 있다.

글 쓰려고 자료 찾다가 좋은 콘텐츠가 떠오르기도 한다. 그러면 그 재료로 글을 2~3개도 거뜬히 쓸 수 있다. 글 재료를 찾을 때는 여러 책을 많이 보는 것을 추천한다. 내가 쓸 책의 경쟁도서뿐만 아니라 참고도서도 읽어야 한다. 책을 쓸 때 오히려 책을 더 많이 읽게 된다. 최소 10~30권 정도는 읽으면 좋다.

책에는 사례가 풍부해야 한다. 주구장창 내 주장만 넣으면 설득력이 없다. 적절한 사례는 이해를 도와주고 주장에 힘을 실어준다. 사례는 많을수록 좋다. 사례 수집 방법 6가지를 함께 알아보자.

첫 번째, 책에서 사례 수집하기.

사례를 수집하기 위해 책을 읽을 때는 꼼꼼하게 읽지 말고, 발췌 독서하자. 발췌독서란 내가 필요한 부분만 쏙쏙 발췌해서 읽는 것을 말한다. 처음부터 하나도 빠짐없이 읽는 책은 그 책을 '읽는 것'에 목적이 있는 것이고, 우리는 사례 수집을 하기 위함이니 빠르게 훑어가며 읽어야 한다. 이때 펜과 메모지, 포스트잇, 내 책의 목차를 곁에 두어야 한다. 읽다 보면 A사례는 B목차에, C사례는 D목차에 들어가야 할 수 있다. 그때그때 바로바로 기록 할 수 있게 준비해두자.

두 번째, 온라인 서점몰에서 사례 수집하기.

'채널예스 24'나 '인터파크 칼럼'에 가면 현재 책 트렌드나 책 소개 글들이 많다. 이런 글 속에서 좋은 인사이트를 많이 얻을 수 있다. 카드뉴스로 만들어서 이목을 집중시키기도 하고, 책의 일부를 스토리로 풀어서 소개하기도 해서 모든 책을 다 사서 보지 않고도 사례를 얻을 수 있다.

세 번째, 일상에서 사례 수집하기.

잡지나 신문을 읽다가 좋은 사례가 있으면 바로바로 사진을 찍어서 에버노트나 메모 어플에 저장하고, 어떤 목차에 들어갈 사례인지 간단하게 메모해놓자. 일상생활에서도 문득문득 떠오르는 생각들은 그때마다 바로 메모하면 좋다. 나는 예전에는 에버노트를 활용하다가 요즘에는 늘 확인하는 카카오톡에서 '나에게 보내기'로 해놓는다. 카톡은 수시로 확인하기 때문에 잊지 않고 볼 수 있어 주로 활용한다.

네 번째, 사람인, 인크루트 등 취업관련 사이트에서 사례 수집하기.

"웬 취업관련 사이트?"라고 할지 모르겠다. 취업관련 사이트에 가면 취업뉴스나 각종 취업 팁을 볼 수 있는데 활용할 거리가 무궁무진하다. '1분 자기소개 법', '자기소개서 제목 한눈에 들어오는 합격 팁' 같은 팁들도 있고, 재미있는 통계자료들도 많다. 내가 쓰고자 하는 책이 취업 관련이나, 창업이나 자기계발서라면 요즘 취업 상황이 어떤지 분석한 통계자료를 활용해서 '그래서 창업을 해야 합니다', '그래서 자기계발을 해야 합니다.'로 이어지는 글을 쓸 수 있다. 통계자료를 적절히 활용하면 내 글에 신뢰도를 높일 수 있다.

다섯 번째, 도저히 어떤 사례를 넣어야 할지 모르겠거나, 사례가 부족한 경우 구글이나 네이버에 내가 쓰고자 하는 글의 주제를 쳐서 검색해보자.

다른 사람들이 쓴 글이나 뉴스, 기사, 통계 자료 등이 나올 것이다. 그 글들을 보고, 비슷한 사례나 일화 등 아이디어가 생각나면 쓰고, 혹은 살짝 비틀어서 활용하자. 이때 주의해야 할 점은 남의 글을 그대로 베껴서는 안 된다는 것이다. 참고만 하자. 기사나 통계자료는 출처를 밝히고 활용할 수 있다.

여섯 번째, AI에게 묻기.

Chat GPT나 뤼튼, AskUp 등 AI에게 질문해서 사례를 찾을 수 있다.

질문 : 나는 작가야. '고객의 문제를 해결해주어라'라는 주제의 글을 쓸 거야. 일반 회사에서 고객의 문제를 해결해주어서 성공한 사례 5가지만 줘.

뤼튼 : 고객의 문제를 해결해주는 것은 모든 회사에게 중요한 과제 중 하나입니다. 다음은 일반 회사에서 고객의 문제를 해결해주어서 성공한 사례 5가지입니다.

1. Apple: Apple은 고객의 문제를 해결하기 위해 새로운 기술과 혁신적인 디자인을 활용하여 제품을 개발합니다. 또한 Apple은 고객 서비스를 위한 전문적인 지원팀을 운영하여 고객의 문제 해결을 돕습니다.

2. Amazon: Amazon은 고객의 문제를 해결하기 위해 제품의 다양한 선택과 빠른 배송 서비스를 제공합니다. 또한 Amazon은 고객 서비스를 위한 전문적인 지원팀을 운영하여 고객의 문제 해결을 돕습니다.

3. Zappos: Zappos는 고객의 문제를 해결하기 위해 높은 수준의 고객 서비스를 제공합니다. Zappos는 고객에게 전화, 이메일, 채팅 등 다양한 채널을 통해 빠르고 친절한 서비스를 제공합니다.

4. Southwest Airlines: Southwest Airlines는 고객의 문제를 해결하기 위해 항공권 예약 및 변경에 대한 간단하고 직관적인 온라인 서비스를 제공합니다. 또한 Southwest Airlines는 항공기 지연 및 취소와 같은 상황에서도 고객 서비스를 우선시하여 문제를 신속하게 해결합니다.

5. Uber: Uber는 고객의 문제를 해결하기 위해 편리한 앱 인터페이스와 간편한 결제 시스템을 제공합니다. 또한 Uber는 고객 서비스를 위한 전문적인 지원팀을 운영하여 고객의 문제 해결을 돕습니다.

앞의 5가지 사례는 각각 제품과 서비스, 고객 서비스, 기술과 혁신, 간편한 인터페이스, 빠른 배송 등 다양한 방식으로 고객의 문제를 해결하는 방법을 제시하고 있습니다. 이를 참고하여 고객의 문제를 해결하는 데 도움이 되는 글을 작성해 보시기 바랍니다.

이렇게 답변을 받았다. 여기서 애플 사례를 좀 더 자세히 알고 싶으면 질문을 또 하면 된다. "애플 사례를 좀 더 자세하게 일화를 넣어서 2개 정도 줘."라고 하면 일화까지 넣어서 준다. 그러면 그 일화를 약간 각색해서 내 글의 사례로 넣을 수 있다.

세상은 정보가 차고 넘친다. 심지어 사례 수집을 하기 위해 책을 뒤지고, 읽고, 발품, 손품 팔던 시대에서 단 몇 줄로 AI에게서 고급 정보를 얻을 수 있다. 남들은 1년 걸릴 일을 단 1분 만에 해결할 수도 있다. 여기서 조심해야 할 것이 있다. AI에게서 얻은 사례로 남발해서는 안 된다는 것이다. 앞에서 말한 것처럼 A급 사례는 '내 경험, 노하우, 스토리'다.

내 이야기를 먼저 매력적으로 나타낸 다음, 뒷받침 사례로만 활용하자. 수많은 정보를 '나만의 독특한 시선'으로 바라보고 해석한 글이 사랑받는다. 정보만 줄줄 읊는 건 매력 없다는 것을 잊지 말자.

한글 세팅과 문장부호
활용법

글쓰기 주제와 목차, 타깃독자, 콘셉트까지 모두 잡았으니 이제 글쓰기 전 환경세팅부터 하자. 시험 공부 하기 전, 책상 주변 정리부터 먼저 하는 것처럼, 글을 쓰는 환경정리도 중요하다.

기본 글쓰기 도구는 '한글'이다. 워드파일도 좋지만 한글과 달리 문단 자체 폭이 넓고, 제목과 내용을 쓰면 자동으로 번호가 매겨지거나 들여쓰기가 되어서 불편하다. 한글에서 1장이 워드파일에서는 1장 반을 써야 양이 얼추 맞다. 한글이 없다면 워드 파일로 쓰되 글 내용을 좀 더 써야 한다는 것을 기억하자.

한 꼭지, 즉 한 소제목 당 1~1.5장을 써야 한다. 예전에는 1.5~2장을 썼는데 요즘은 책 두께가 적은 것을 더 선호해서 양이 줄었다. 그만큼 글쓰기는 더 편해졌다. 이렇게 40개의 꼭지를 쓰면 85장 정도가 나온다. 이정도면 충분하다. 80~100페이지 정도 나오게 쓰면 책으로 만들 수 있다. 그 이상도 괜찮다. 하지만 80페이지 이하는 부족하다. 탈고와 편집을 하다 보면 덜어내기도 하고 추가로 쓰기도 하기 때문에 넉넉하게 90~100페이지 쓰는 것을 목표로 하자.

글자체는 '바탕'으로 10포인트를 준다. 바탕과 바탕체가 있는데 바탕으로 하자. 전자책은 12포인트 정도로 하지만 종이책은 10포인트다. 소제목별로 파일 이름을 따로 해서 쓰고, 탈고할 때 하나의 파일에 합쳐서 정리하면 좀 더 편리하다.

한글 파일 첫 줄에 '1장. 오늘부터 나는 책 쓰기로 브랜드가 되기로 했다'라고 장 제목을 쓰고, 엔터 쳐서 한 줄 띄운 후 '1. 무엇을 쓸 것인가?'라고 소제목 (꼭지)제목을 쓴다. 1번 소제목(꼭지)의 경우에만 장제목을 쓰고, 2번 꼭지제목부터는 굳이 장제목을 쓰지 않아도 된다. 이미 어떤 장의 꼭지인지 알기 때문이다. 그 후, 엔터 2번 쳐서 줄 바꿈 후 스페이스 바 한번 눌러서 들여쓰기 한 다음, 본격 글쓰기를 시작하면 된다.

한 문단 안에는 하나의 주제만 들어간다. 내용이 바뀔 때마다 문단을 나누고, 문단은 엔터를 쳐서 줄을 바꿔준다. 줄을 바꿔 줄 때마다 '스페이스바'를 한 번 눌러 들여쓰기 한다. 문단 나누는 법은 본문 쓰기 할 때 좀 더 자세히 다루도록 하겠다.

글을 쓸 때 마주치는 '문장부호'로 당황할 때가 있다. 이런 경우에 어떤 문장부호를 써야 할지 몰라 우왕좌왕하기도 한다. 하나씩 살펴보자.

1. 겹낫표 (『 』)와 겹화살괄호 (《 》)

보통 책의 제목이나 신문이름에 쓰인다. 예를 들어 『나는 대충 살기위해 열심히 산다』에서 작가는 대충 살고 싶으면 더 열심히 살아야 한다고 말한다.'라고 쓸 수 있다. 보통은 겹화살괄호로 쓰면 출판사에서 알아서 수정한다.

2. 홑낫표 (「 」)와 홑화살괄호 (〈 〉)

그림이나 노래, 드라마제목, 예술작품의 제목, 상호, 법률, 규정 등을 나타낼 때 주로 쓴다. '드라마 〈낭만닥터 김사부〉에서 보여주는', '나는 주로 운전을 할 때 〈오페라의 유령〉같은 오페라 음악을 듣는다.' 등으로 쓸 수 있다.

3. 느낌표 (!)

주로 감탄문이나 감탄사의 끝에 쓰지만 강조를 할 때 쓰기도 한다. "청

춘! 듣기만 해도 설레는 말", "목표! 반드시 세워야 한다."처럼 내가 강조하고자 하는 단어에 쓰면 좀 더 주의를 집중시킬 수 있다.

4. 쉼표 (,)

쉼표를 쓰는 경우는 정말 여러 가지가 있다. 가장 많이 쓰이는 경우가 주로 열거할 때다. "오늘의 준비물은 사과, 배, 복숭아, 토마토입니다."라고 단어를 열거하는 것이다. "첫째, 일찍 일어나자."처럼 순서에 붙이거나, "나는 나, 너는 너. 우리 서로 모른 척 지내자."처럼 짝을 지어 구별하거나, "꼭지란 소제목을 말하는 것으로, 글쓰기의 가장 작은 단위를 말한다."로 문장을 길게 연결하거나 설명할 때 쓰기도 한다.

"나에게도 작은 소망, 이를테면 나만의 서재를 가졌으면 하는 소망이 있다."처럼 앞말을 '곧', '다시 말해' 같은 어구로 다시 설명할 때 쓴다. "열정, 이것이야말로 우리가 가져야 할 자세다."처럼 문장 앞부분에 주제단어를 쓰고, 설명하는 것으로 표현할 수도 있다.

5. 큰따옴표 (" ")

대화체에 주로 쓰인다. 이때 말을 직접 인용하거나 간접 인용하는 것에 따라 문장 구조가 달라진다.

1. 나는 "어, 민수 아니니?" 하는 소리에 깜짝 놀라 뒤를 돌아보았다.

2. "어, 민수 아니니?"
나는 내 이름을 부르는 소리에 깜짝 놀라 뒤를 돌아보았다.

앞의 두 문장의 차이점이 보이는가? 첫 번째 문장은, 문장 안에 들어간 것으로 대화체 끝에 '라는', '하는'이라는 말이 붙는다. 두 번째 문장은, 대화체로 끝나는 하나의 문장으로 완성되기 때문에 엔터를 쳐서 문단을 나누어준다. 이 부분을 많이 헷갈려한다. 특히 대화체인 듯 대화체 아닌 듯 한 글을 쓰는 경우가 많은데 주의해야 한다.

혜수가 민진이에게 "그건 아니지 않냐?"라면서 하지 말자고 했다. 이런 식으로 하면 "나도 더 이상 못 참겠다."라고 소리쳤다. 그동안 배려해주고 참아준 내가 뭐가 되냐고. 혜수는 씩씩거리며 한참을 서 있다가 돌아서 가버렸다.

이 글은 간접 대화와 직접 대화가 섞여서 무슨 말인지 헷갈린다. 이런 경우 직접 대화체로 할 것인지, 간접 대화체로 할 것인지 명확하게 구분해야 한다. 먼저 직접 대화체로 표현해보자.

혜수가 민진이에게 "그건 아니지 않아?"라며 하지 말자고 했다. "이런 식으로 하면 나도 더 이상 못 참아!"라고 소리쳤다. "그동안 배려해주고 참아준 내가 뭐가 되냐?"라며 혜수는 씩씩거리며 한참을 서 있다가 돌아서 가버렸다.

이번엔 간접 대화체로 표현해보자.

혜수는 민진이에게 그건 아닌 것 같다며 하지말자고 했다. 이런 식이면 더 이상 못 참겠다고 했다. 그동안 배려해주고 참아준 자신이 뭐가 되냐며 한참을 씩씩거리다가 돌아서 가버렸다.

간접 대화체와 직접 대화체를 섞어도 좋다. 중요한 것은 직접 대화체에는 큰 따옴표가 들어가야 한다는 것이고, 간접 대화체에는 '~고 했다'라고 이어진다는 것이다. 간접 대화체는 꾸미는 수식어가 반드시 들어가줘야 한다. 큰 따옴표 안에 누구한테 들은 것처럼 인용한 말이 들어간다거나 따옴표도 없이 실제로 말한 대화체 그대로 평서문처럼 쓰면 이상해진다. 큰 따옴표를 문단 맨 앞에 놓고 강조를 하기 위해 전략적으로 쓰이기도 한다.

"야호!"

푸른 파도가 넘실거리는 바다를 바라보며 소리쳤다. 가슴이 뻥 뚫리는 기분이었다.

이렇게 쓰면 주의를 집중하는 효과와 함께 호기심을 불러일으킨다.

6. 작은 따옴표 (' ')

작은 따옴표도 쉼표와 마찬가지로 여러 가지 형태로 자주 쓰인다.

"여러분! '호랑이는 죽어서 가죽을 남기고, 사람은 죽어서 이름을 남긴다.'라는 말 들어보셨죠?"라고 말하며 강연을 시작했다.

이렇게 대화체 안에 인용한 말을 나타낼 때 쓸 수 있다.

'휴. 오늘도 일찍 마치기는 틀렸네.'라고 생각했다.

이렇게 마음속으로 한 말을 적을 때도 쓰고, 소제목, 그림이나 노래, 드라마 제목, 상호, 법률, 규정 등을 나타낼 때 ⟨ ⟩ 대신 쓰기도 한다. 문장 내용 중 강조하고 싶거나 중요한 부분에 넣어서 쓸 수도 있다.

어제와 또 다른 오늘의 나. '나만의 인생'을 살아야 한다.

글에서 '나만의 인생'을 강조하고 싶다면 그 단어에 작은 따옴표를 붙여준다.

7. 소괄호 (( ))

소괄호는 보충적인 설명을 붙이거나 우리말 표기와 원어 표기를 함께 보여줄 때 쓴다. "목표를 설정할 때는 타깃(target)을 먼저 잡아야 한다." 처럼 표현할 수 있다.

8. 말 줄임표 (…)

할 말을 줄일 때 쓰거나 머뭇거림을 보일 때 쓴다. 보통 대화체에 주로 쓰고, 자신의 의견을 주장하는 글을 쓸 때는 말줄임표를 사용하지 않는 것이 좋다. 내가 하고자 하난 말에 힘이 실리지 않는다.

이외에 여러 문장부호가 있지만 책을 쓸 때는 주로 8가지의 문장부호를 쓴다. 여기서 온점(.)에 대한 설명이 빠졌는데 이는 문장을 마칠 때 찍는 점으로 다들 아실 거라 생각해서 생략했다. 제목을 제외하고 모든 문장에는 온점을 찍어주어야 한다. 그래야 문장이 끝났다는 뜻이 된다.

문장부호는 글을 쓰면서 활용해보면 더 잘 쓸 수 있게 될 것이다. 처음에는 직접대화체와 간접대화체가 헷갈려서 쓰기도 하고, 생각하는 말에 작은따옴표가 아닌 큰따옴표를 넣기도 한다. 걱정하지 말자. 우리에게는 퇴고가 있다. 거지같은 초고도 퇴고를 하면서 수정해서 옥고로 만들 수 있다. 계속 쓰고, 수정해 나가다 보면 금세 문장부호가 손에 익을 것이다.

두려운 첫 문장 쉽게 쓰는
10가지 방법

막상 책상 앞에 앉아서 글을 쓰려고 하니 아무것도 생각나지 않는다. 무엇부터 어떻게 시작해야할지 모르겠다. 이런저런 생각의 꼬리를 물다 보니 어느 순간 시간은 흘러 다른 업무를 해야 할 시간. 결국, 한 자도 쓰지 못했다.

아마도 이런 경험, 누구나 할 것이다. 나 또한 그랬다. 첫 책을 쓸 때 뭐부터 써야 할지 몰라서 헤매다가 일단 검색부터 했다. 다른 사람들의 글을 보면서 따라도 해보고, 경쟁도서, 참고도서 분석하면서 첫 문장을 어떻게 쓰는지 나름의 정리도 해보았다.

우선 글 쓰는 것에 대한 두려움부터 내려놓자. 글을 쓴다는 것은 내 생각을 글로 표현하는 것이다. 말하는 것과 다르지 않다. 글 쓰는 게 뭔가 대단한 것이라는 생각은 접어두고 일단 쓰자. 첫 문장 쉽게 쓰는 10가지 방법을 따라서 함께 써보자.

첫 번째, 사회적인 분위기로 시작한다.

"요즘 너나 할 것 없이 힘들다."

"요즘 chat GPT 이야기로 떠들썩하다."

"요즘 MZ세대들은 자신에게 집중하는 것을 좋아하지 않는다."

"인공지능 AI시대가 도래했다. 기존의 직업은 사라지고 새로운 직업들이 매일 수백 개, 수천 개씩 사라지고 생기고 있다. 우리 아이의 교육방향은 어떻게 나아가야 할까?"

이런 식으로 사회적인 분위기로 시작해보자. 이슈가 되는 이야기로 시작하면 사람들의 관심을 끌 수 있다.

두 번째, 일상의 경험으로 시작한다.

""○○아! 밥 먹어!" 아침부터 전쟁이 시작되었다. 밥 먹어라, 이 닦아라, 세수해라, 옷 입어라. 하나부터 열까지 쫓아다니면서 잔소리해도 세월아 네월아 하는 아이들. 속 터지는 건 나뿐이다."

"친구와 오랜만에 만나기로 한 날, 한껏 멋 부리고 나갔는데 온 세상이 잿빛으로 물들더니 곧 비가 쏟아졌다. 우산도 없이 나가서 결국 비를 쫄딱 맞고 말았다."

대화체로 시작할 수도 있고, 그날 경험을 생생하게 현재시제로 쓸 수도 있다. 나를 브랜딩하기 위한 책을 쓰는 것이라면 강의한 이야기나 수강생 후기, 수강생 사례 등을 얘기하면서 그 분야에 대해 내가 잘 알고 있다는 것을 보여줄 수도 있다.

직장생활 이야기를 토대로 창업을 하라고 주장하는 글이라면, 식사를 하면서 직장 상사를 맛있게 씹은 이야기로 시작을 하는 것도 좋다. 일상에서 다양한 사례를 찾아보자. 아마도 그냥 흘려보냈던 일상이 좀 더 색달라 보일 것이다.

세 번째, 예전의 경험으로 시작한다.

"그때만이 할 수 있는 이야기가 있다. 지금도 생생하게 기억나는 그때의 기억. 서로 바라보며 수줍게 웃던, 함께 있기만 해도 심장이 두근거려 나대는 심장을 애써 붙잡아야 했던. 함께하는 모든 순간, 순간이 행복으로 가득했던 그때, 나는 '사랑'이란 것을 하고 있었다."

"몇 살인지 가물가물한 그때의 기억, 4~5세 때쯤이었을까? 연탄이 떨어져서 네 식구 모두 두꺼운 이불속에서 서로의 체온을 의지하며 오들오들 떨며 잠들었다."

내가 쓰고자 하는 글의 주제와 연결된다면 예전 기억도 떠올려보자. 생생한 사례가 많을수록 책에 대한 신뢰와 근거가 쌓인다.

네 번째, TV 프로그램, 유튜브, 여러 미디어를 통해 본 내용을 토대로 시작한다.

"다음 달 월급까지 나는 얼마나 또 많은 날들을 버텨야 할까? 그렇게 버티고 나면 다음 달은 좀 나아질까? 어쩌면 다음 달도 내 통장잔고는 똑같겠지만 그래도 한 달을 버틸 수 있는 월급이라는 기대가 있어 오늘도 하루 터 버틴다."

드라마 〈직장의 신〉의 한 대사다.

이렇게 드라마 대사로 관심을 끌고, 주제 이야기로 이어서 쓰면 된다. 이때 반드시 출처를 밝혀야 한다. "요즘 즐겨보는 드라마 〈ㅇㅇㅇ〉에서 'ㅇㅇㅇㅇ' 이야기가 나왔다."라고 쓰거나 앞의 예시처럼 쌍따옴표로 대화를 넣고 아래 출처를 밝혀도 좋다.

문득 TV를 보다가 너무 좋은 말이 나오면 바로 메모해둔다. 방송제목, 날짜, 회사까지 기록해서 유튜브나 다시보기로 찾아보고 가져와서 각색한다. 공감을 불러일으켜 내 글에 설득력이 실린다. 아마도 유흥거리로 TV를 본다 해도 언제 어디서 사례로 쓸지 모르니 메모지를 준비해놓고, 정신 바짝 차리고 보게 될 것이다.

다섯 번째, 속담으로 시작한다.

"소 잃고 외양간 고친다는 말이 있다. 요즘 태세가 그렇다."

"개구리 올챙이 적 생각 못한다는 말처럼 요즘 나는 안하무인이다."

"'백지장도 맞들면 낫다.'는 말이 있다. 혼자 가면 빨리 가지만 함께하면 멀리 갈 수 있다."

이렇게 속담으로 시작해서 내 글에 힘을 실어준다.

여섯 번째, 내 능력 자랑으로 시작한다.

"나는 매일 새벽 4시 30분에 일어난다. 유행하는 미라클 모닝의 대열에 합류한 것은 아니고, 그저 그 시간만이 내 유일한 시간이기 때문이다."

"'언니! 캔바로 디지털 명함 만드는 법 좀 알려줘.' 후배에게 다급하게 연락이 왔다. 고객에게 디지털 명함을 전달해야 하는데 만들 줄 모른다는 것이다. 워낙 기기와 친하지 않아서 유튜브나 블로그를 보면서 만드는 건 못하겠다며 직접 알려달라고 요청이 왔다."

"매주 목요일 저녁 8시 진행자 독서모임 시간을 갖는다. 각자 정해진 분량의 책을 읽고 생각을 나누고 실천해야 할 지침을 준다. 이 모임의 핵심은 '실천'이다."

내가 요즘 하고 있는 일, 진행하고 있는 사업, 강의 등을 '제가 이런 걸 하고 있어요.'라고 나열하기보다는 이렇게 일상의 경험이나 사례로 풀면 자연스럽게 녹아든다. '아 이 사람은 이런 걸 잘하는구나. 나도 한번 요청해봐야겠다.'라는 생각이 들면 그 글의 목적은 달성한 것이다.

일곱 번째, 통계자료를 이용해 현 상황 제시 후 시작한다.

"○○○에 대한 조사에 따르면 ○○직업은 곧 사라질 직업이라고 한다. 그런데 언제까지 안 되는 일을 붙잡고 있을 것인가?"라며 그 시간에 자기계발 하라, 창업하라 등의 주장을 펼칠 수 있다.

"직장인 1,000명 대상 '○○○○'에 대한 설문조사 결과 ○○%만이 만족한다고 대답했다. 이는 무엇을 뜻하는 것일까?"라며 직장 내 개선되어야 할 점이나 관리방법 등의 글을 쓸 수 있다.

여덟 번째, 사소한 고민과 일상을 공감으로 확장해서 시작한다.

"요즘 허리가 아프다. 원래 허리가 좋지 않았지만 마흔이 넘어서면서 안 아픈 곳이 없다. 체력도 딸리는 게 느껴진다. 이러다간 큰일 날 것만 같아 운동을 시작했다."

운동, 다이어트 등의 주제로 글을 쓸 때 별것 아닌 내 사소한 고민을 시작으로 써보자. 사소한 것 같지만 실은 많은 사람들이 고민하고 걱정하는 부분이기에 많은 공감을 얻을 수 있다.

"엄마 미워!"

딸아이의 한마디에 괜스레 눈물이 난다. 일하랴, 육아하랴, 집안일 하랴, 시댁 신경 쓰랴. 몸이 열 개라도 부족할 정도다 보니 옆에서 딸이 말 거는 게 들리지 않았다. 정신이 다른 데 가 있으니 집중이 안 될 수밖에.

딸의 말 한마디로 시작해서 공감을 끌어낼 수 있다. 엄마라면 누구나 겪는 일상이 하나의 글감이 된다.

아홉 번째, 기분표현으로 시작하기

"살랑살랑 불어오는 꽃향기와 바람 냄새에 봄을 느꼈다. 완연한 봄이 다."

"향긋한 꽃차를 마시며 약간은 차가운 새벽공기를 느낀다. 잠시 창밖을 내다본다. 세상은 멈춰있고, 오직 나만이 움직인다. 새벽 4시. 나는 이 시간이 좋다."

'행복하다, 즐겁다, 재미있다'는 직접적인 표현보다는 이렇게 간접적으로 표현하면서 시작할 수 있다. 봄 얘기를 할 수도 있고, 시간관리로 풀어나갈 수도 있다.

열 번째, 주장으로 시작하기

"평범한 사람도 책을 쓸 수 있다. 그 책으로 아무것도 없는 나를 특별한 사람으로 브랜딩할 수 있다. 그게 '책'의 매력이자 무기다."

"누구나 지식창업으로 수익을 낼 수 있다. 나는 그런 사람을 돕는 사람이다."

시작부터 내 주장을 쓸 수 있다. 그다음 사례로 풀어나가며 내 주장을
뒷받침하는 글을 쓸 수 있다.

열한 번째, 여행지로 시작하기

"오랜만에 제주도를 찾았다. 근 3년만이다."

"코로나가 장기화되면서 3년간 국내에만 있다가 드디어 첫 해외여행
을 떠났다. 매년 2~3번 해외여행을 다니던 여행순이가 3년 동안 참느라
정말 애썼다."

"휴양지, 관광지 어디가 좋을까? 친구들과 고민하다가 선택한 베트
남. 휴양, 관광 모두 할 수 있는 곳으로 골랐다."

여행지가 어디인지 먼저 쓴 다음 그곳에서의 경험과 느낀 점들을 풀어
나갈 수 있다.

첫 문장만 쓰면 이후의 글은 쉽게 써진다. 11가지로 분류했지만 실은
무궁무진하게 많다. 내가 말하고자 하는 주제에 연관된 것이면서, 독자
의 호기심을 불러일으킬 수 있는 글로 시작하자.

서론은 본론으로 들어가기 위한 하나의 장치다. 처음부터 강력하게 주
장하기보다는 흥미를 유발하며 부드럽게 연애하듯이 써내려가자.

글쓰기는 테트리스 게임이다!
본문 쉽게 쓰는 법

테트리스 게임해본 적 있는가? 어릴 때 오락실에 가서 주로 했던 게임이었는데, 4가지 벽돌로 채우는 재미가 쏠쏠했다.

글쓰기도 마찬가지다. 테트리스처럼 '주장 – 이유 및 근거, 사례 – 사례와 사례를 연결하는 문단'이라는 벽돌로 이루어져 있다. 이 벽돌을 차곡차곡 잘 쌓아올려야 설득력이 더해진다. 아래 예시를 함께 보자. 내 책 『당신이 지금 창업을 해야 하는 이유』의 한 부분이다.

주장	젊은 나이에도 은퇴할 수 있다
근거, 사례	취업포털 잡코리아에서 최근 남녀직장인 1,216명을 대상으로 '정년 체감정도'에 대해 설문조사한 결과 평균 52세로 나타났다. 그 이유로 '그쯤이면 알아서 나가라는 회사의 분위기가 있어서'라는 답변이 44.4%로 가장 많았다. '현 직장에서 임금피크제도가 도입되면 응할 용의가 있는가?'라는 질문에는 '적은 임금이라도 오래 다닐 수 있다면 다니겠다'는 응답이 74.8%로 월등히 높았다.
사례와 사례를 연결하는 문단	은퇴는 젊은 나이에도 할 수 있다. 직장 다니는 지금, 바로 은퇴를 준비해야 한다. 이제 평생직장은 사라졌다. 언제 그만둘지 모르는 불안감속에 전전긍긍하며 직장 생활을 해야 한다. 그럴수록 더욱 은퇴 준비를 철저하게 해야 한다. 2010년을 기준으로 은퇴 후 사망할 때까지 노후생활을 하는 데 평균적으로 약 4억 322만 원의 소득이 필요하다고 한다. 안전한 직장생활만으로는 절대로 모으기 힘든 금액이다.
주장 및 제안	가슴속에 꿈틀대는 꿈이 있는가? 회사에서 이룰 수 없는 그 꿈을 1인 창업으로 이루고 싶은가? 그렇다면 당장 준비하라. 지금 당장 회사를 때려치우라는 말이 아니다. 회사를 아무 생각 없이 다니면서 시간을 버리지 말고 지금 거기서 준비를 하라는 것이다. 지금도 늦지 않았다. 가슴속에 오랫동안 묻어둔 꿈이 있다면 이제 꺼낼 차례다.

주장을 뒷받침하는 근거와 사례로 통계자료를 활용했다. 통계자료를 토대로 부연설명하면서 사례가 담고 있는 메시지에 힘을 실었다. 이게 바로 사례와 사례 사이를 자연스럽게 이어주는 연결문단의 역할이다. 마지막으로 주장을 다시 한번 하면서 제안을 한다. 젊은 나이에 은퇴하려면 지금 회사에서 준비하라고 제안하는 것이다.

본론 안에 사례는 2~3개 정도 들어가는 게 좋다. 하나의 소제목 안에 주장이 한 가지가 들어가고, 그 안에 사례가 2~3개 들어가면서 연결문단으로 이어주는 것이다. 마지막 결론에 한 번 더 주장이 들어가면서 글은 완성된다.

자기계발서가 아닌 에세이를 쓸 때도 여러 에피소드를 넣고 에피소드와 에피소드 사이를 연결해주는 연결문단을 넣어준다. 그저 일기로 전락하지 않기 위해서는 나만의 철학과 신념이 담긴 주장도 들어가 주어야 한다.

처음 글을 쓸 때 가장 힘들어하는 게 '어떻게 시작하는가?'와 '어떻게 글을 구성하는가?'와 '문단을 어떻게 나누는가?'이다. 첫 시작이 어려워 못 쓰고, 일단 쓰긴 썼는데 사례를 어디에 넣고 어떻게 연결해서 마지막 마무리는 어떻게 해야 할지 혼란스러운 것이다. 문단도 어디서 어떻게 나눠야 할지 어렵다. 누구나 처음은 어렵다. 일단 시작하면 어렵지 않다.

'어떻게 시작하는가?'는 앞에서 서론 쓰는 방법에서 자세히 다루었다. '주장 – 이유 및 근거, 사례 – 사례와 사례를 연결하는 연결 문단'으로 나누는 글 구성법도 알았으니 이제 문단을 나눠보자.

왜 처음 글을 쓰는 사람들은 문단 나누는 게 어려울까? 어디서부터 어떻게 글을 잘라야 할지 모르기 때문이다. 아니, 그전에 '문단'의 사전적 의미를 정확히 모르기 때문이다. 먼저 사전적 의미부터 알고 가자. 문단은 '몇 개의 문장이 모여 하나의 중심생각을 나타내는 덩어리'를 말한다. 그러니까 하나의 문단에는 하나의 중심내용이 들어가는 것이다. 중심문장에 뒷받침 문장으로 이루어진다. 앞서 말한 '주장 –이유, 근거, 사례– 연결문장 – 주장 강조, 제안하기'와 같은 이야기다. '주장'이 '중심문장'이 되고, 이유와 근거, 사례가 '뒷받침 문장'이 되는 것이다.

문단마다 사례와 이유, 근거가 다 들어가지 않아도 된다. 주장만으로 끝날 수도 있다. 문단을 나눌 때 5가지를 기억하면 쉽다.

첫 번째, 지금까지 얘기한 내용과 정반대되거나 새로운 이야기를 할 때 나눈다.

두 번째, 전체적인 흐름을 먼저 얘기한 후, 구체적인 내용으로 풀어나갈 때 내용별로 문단을 나눈다.

세 번째, 대화체가 나오면 대화별로 문단을 나눈다.

네 번째, 강조하고 싶은 문장이나 인용한 문장이 있으면 나눈다. 단 한 줄의 문장이라도 강조하고 싶다면 문단을 나눠주면 좋다. 시선이 집중되는 효과가 있다.

다섯 번째, 하나의 에피소드를 길게 쓰더라도 에피소드 속에서 말하고자 하는 바가 달라지면 문단을 나눈다.

한 문단이 끝나면 '엔터'를 쳐서 줄을 바꿔주고, 새로운 문단이 시작되면 '스페이스 바'를 한 번 눌러서 한 칸 들여 쓰면 된다. 처음에는 쉽지 않다. 계속해서 문단을 나누는 훈련이 필요하다. 한 문장 안에는 하나의 주장 글이 들어가 줘야 한다. 하나의 문장 안에 여러 의견이 들어가면 무슨 말을 하는지 의도를 파악하기 어렵다.

글을 쓸 때는 항상 소제목의 주제를 생각하고 써야 한다. 아직 내 글의 문체가 완성되지도 않은 상태에서 내가 무슨 말을 하고 싶은지 자꾸만 갈팡질팡하는 경우가 많다. 유명한 사람들의 글처럼 쓰고 싶고, 왠지 잘 써야 할 것만 같은 압박이 든다. 그래서 글을 쓰는 내내 말이 길어지고 복잡해진다.

한 가지 사건에 대해 글을 쓸 때 처음부터 자세하게 기술해야 할지, 본론만 얘기할지 헷갈릴 때도 있다. 사실은 A 상황 때문이었는데 본론만 얘기하면 내가 몰라서 한 행동으로 오해할까 봐 '나는 ㅇㅇㅇ을 했는데 사실은 XXX라는 사실을 알고 있었지만 그 당시 상황이 여의치 않아서 @@@하다 보니 ㅇㅇㅇ을 할 수밖에 없었던 것이었던 것이다.' 식으로 글을 써내려가기도 한다.

실제 수강생 중에 이런 사례가 많았다. 왜 그렇게 썼는지, 무슨 말을 하고 싶어서 그러는지는 알겠지만 횡설수설하는 글에 끝까지 읽기 힘들다. 독자들도 '도대체 무슨 말을 하고 싶은 거야? 그래서 결론이 뭔데?'라는 생각에 읽다가 포기해버린다.

분명 소제목은 'ㅇㅇ하지 마라'인데 말을 하다 보니 '꼭 ㅇㅇ을 하지 마라는 뜻은 아니고 해도 되긴 하는데 이럴 수도 있고 저럴 수도 있고.' 하면서 점점 길어진다. 그러다 자신조차도 무슨 말하려고 했는지 잊어버린다. 결론도 없고, 감동도 없고, 목적도 없다. 고객도 떠나버린다.

혹시 '난 안 그래. 제대로 쓸 수 있어!'라고 생각하고 있는가? 그렇다면 일단 써보자. 쓰다 보면 꼭지제목과 달리, 애초에 내가 생각했던 방향과 다른 방향으로 글이 가는 것을 알 수 있을 것이다. 그렇기에 매순간, 글을 쓸 때마다 주제와 목적의식을 갖고 써야 한다. 잠깐 방심하면 그 틈을 파고들어 산으로 간다.

잘 써야 한다는 압박에서 벗어나자. 내가 잘났다는 생각이 있으면 글 속에서도 드러난다. 나 잘한다고 쓰는 건 괜찮다. 중요한건 전혀 잘해 보이지 않는데 잘한다고 하니 그다지 와닿지 않는 것이다. 진짜 잘난 사람은 잘났다고 자랑하지 않는다. 은근히 간접적으로 전달한다. 이왕이면 내 이력이 화려하게 빛났으면 하는 마음에 이것저것 끼워 쓰다 보면 글에 꾸밈이 많아지고 복잡해진다. 비워야 한다. 그렇게 쓴다고 브랜딩되는 게 아니다. 담백하게 썼을 때 오히려 먹힌다.

위의 글쓰기 공식을 꼭 지킬 필요는 없다. 다만 처음 글을 쓴다면 이 공식으로 글을 쓸 때 좀 더 쉽게 하나의 글이 완성되는 것을 볼 수 있을 것이다.

일단 쓰면서 내 글쓰기 루틴을 만들어 보자. 중요한 건, 사례가 풍부한 글이 흥미진진하고 술술 읽힌다는 것이다. 다양한 사례와 내 스토리를 녹여 쓰자. 자연스럽게 '나'라는 존재가 스며들 것이다.

내 글의 핵심이 담긴
결론 쓰는 법

결론은 소제목의 주제를 정확하게 짚어줘야 한다. 간혹 본론에서 사례와 함께 잘 풀다가 결론 없이 흐지부지하게 끝나버리는 경우가 있다. 어떻게 마무리를 해야 할지 몰라 그냥 끝내버리는 것이다.

앞에 본론 쓰는 법에서 말한 것처럼 결론에서 '재주장 & 제안하기'가 들어가 줘야 한다. 꼭 반드시 서론, 본론과 연결되지 않아도 된다. 결론만 봐도 소제목 주제를 알 수 있게 써야 한다. 결론은 보통 주제의 핵심을 5~8줄가량 쓴다.

아래 사례를 보면 좀 더 이해하기 쉬울 것이다. 사례 글들은 모두 내 첫 책 『20대, 발칙한 라이프 쫄지 말고 당당하게』에서 발췌한 것이다.

소제목 : 꿈을 상상하는 사람은 내일이 다르다

본론 : 여러 사례와 주장으로 이루어진 본문

결론 : 당신에게도 가슴 터질 듯한 꿈이 있는가? 미친 열정이 가슴속에서 팔딱팔딱 뛰는가? 그렇다면 그 꿈을 상상하라. 마치 이루어진 것처럼 생생하게 상상하고 행동하라. 곧, 그 꿈은 현실이 된다.

소제목의 핵심 단어를 반복해서 넣으며 결론짓는다.

소제목 : 의식이 바뀌면 인생이 바뀐다

본론 : 여러 사례와 주장으로 이루어진 본문

결론 : 여기 내 묘비명이 있다.

"그녀가 이룬 꿈이 다른 사람의 꿈이 되어 많은 사람들의 인생에 행복이라는 흔적을 남기고 가다."

나는 흔적을 남기고 가고 싶다. 호랑이는 죽어서 가죽을 남기고 사람은 죽어서 이름을 남긴다고 하지 않는가? 나는 그런 흔적을 남기고 싶다. 성공이란, 한사람이 생을 완전히 마감하기 바로 직전에 스스로 알 수 있다. 숨을 거두기 바로 직전에 '잘 살다 간다.'라는 생각이 들었다면 그것이 바로 성공인 것이다.

미리 묘비명을 만들고, 그렇게 살기 위해 노력하자. 묘비명에 맞는 의식을 확장시키자. 모든 것은 생각에 달려 있다.

앤드류 카네기의 묘비명을 앞에 사례로 보여주고 내 묘비명을 넣어 마무리 짓는다. 이때 소제목인 '의식이 바뀌면 인생이 바뀐다.'와 연결되어야 한다.

소제목 : 사람은 원래 이기적이다

본론 : 여러 사례와 주장으로 이루어진 본문

결론 : "그는 자신의 일에 어마어마한 노력을 쏟더군요. 나를 촬영하는 일에 온 열정을 다 바쳤어요. 자기 일을 얼마나 사랑하는지 알 수 있을 정도로. 그래서 그의 작품을 방해하고 싶지 않았습니다."

존 템플턴의 사진작가처럼 누구도 감히 방해할 수 없는 사람이 되어야 한다. 다른 사람의 마음을 움직이는 최고의 힘은 내 모든 것을 쏟아붓는 진심이 담긴 모습이다. 내가 사랑하고 꿈꾸는 일에 온 힘을 다해서 바치자. 조금은 이기적으로, 내 꿈의 열정에 미쳐보자.

명언이나 다른 사람의 말을 인용해서 마무리할 수도 있다.

소제목 : 성공하려면 뻔뻔하게 살아라

본론 : 여러 사례와 주장으로 이루어진 본문

결론 : "엿이나 먹으라고 해요. 저는 슈퍼스타가 될 거예요!"라고 당당하게 말하며 자신의 길을 걸어가는 아놀드 슈워제네거처럼 내 꿈을 당당하게 선포해보자. 주위의 반대나 걱정 어린 시선은 무시해도 좋다. 손바닥을 한번 펴서 바라보자. 운명선과 지능선, 재물선이 보이는가? 그리고 다시 주먹을 꽉 쥐어보자. 이제 당신의 운명은 당신의 손 안에 있다. 이 운명을 움직이는 것은 바로 당신 자신이다. 나는 가능성의 존재이다. 내가 나를 높이 평가하고, 인정할수록 나는 더욱 값진 존재가 되는 법이다. '나는 쓸모없다 나는 사랑받지 못한다.'라는 열등감을 가지면 우리는 영원히 삶에 만족할 수 없다. 자신의 장점을 존중하고 내 자신의 한계를 이겨 내어 당당하게 세상을 살아갈 때 진정한 행복을 가질 수 있다.

이제 우주에 선포하라. "나는 최고다. 나는 나를 사랑한다. 나는 내가 꿈꾸는 모든 일을 이룬다!" 이제 당신은 모두 이루었다.

다른 사람의 사례에 이어서 대화체로 마무리할 수 있다.

결론도 서론처럼 다양하게 쓸 수 있다. 중요한 것은 반드시 '소제목 주제의 핵심'이 들어가야 한다. 앞의 내용은 하나도 보지 않아도 결론만 봐도 무슨 내용으로 풀어 가는지 알 수 있어야 한다.

결론도 쓰다 보면 실력이 는다. 나만의 결론쓰기 형식을 연구해보자. 똑같은 결론 말고 글마다 색다른 결론을 쓰면 훨씬 기억에 남을 수 있다.

3장

글쓰기 편 (8주) :

내 글에
매력을 담아라

마치 내가 쓴 것처럼!
인용과 각색의 비밀

나 혼자만의 생각을 주구장창 쓰면 재미가 없다. 신뢰도 줄 수 없다. '그건 네 얘기잖아!'라며 독자의 외면을 받게 된다. 그래서 사례가 풍부해야 한다.

'저는 사례가 없어요.' 하시는 분들은 인용과 각색을 활용해보자. 빠르고 쉽게 만들 수 있을 것이다.

인용은 '남의 말이나 글 가운데서 필요한 부분을 쓰는 것'으로 뉴스, 신문, 드라마, 저서, 속담, 유명인의 말 등을 그대로 가져와서 쓰는 것을 말한다.

인용에는 직접 인용과 간접인용이 있다. 직접 인용은 문장을 그대로 옮겨서 따옴표로 묶는 것을 말하고, 간접인용은 그대로 옮기지 않고 해당부분의 의미를 살리면서 약간의 각색을 하는 것을 말한다. 이때 반드시 출처를 밝혀야 한다.

하나씩 살펴보자.

1. 마크 저커버그는 "뜨거운 열정보다 중요한 것은 지속적인 열정이다."라고 말했다. 잠시 타오르고 없어질 열정은 필요 없다. 얼마나 지속적으로 하느냐가 중요하다

2. 『생각하라 그리고 부자가 되어라』의 저자 나폴레온 힐은 "자신에게 소망을 이룰 수 있는 능력이 있다고 믿으면 잠재의식에 그 생각들이 단단히 뿌리내릴 뿐만 아니라 그 생각 자체가 단단해진다."라고 말했다. 결국 내 생각에 달려 있다. 지금까지 '난 안 돼.'라고 생각하고 있었다면 전환하자. 나는 모든 것을 다 이룰 능력을 갖고 있다.

3. "다음 달 월급까지 나는 또 얼마나 많은 날을 버텨야 할까? 그렇게 버티고 나면 다음 달은 좀 나아질까? 어쩌면 다음 달도 내 통장잔고는 똑같겠지만 그래도 한 달을 버틸 수 있는 월급이라는 기대가 있어 오늘도 하루 더 버틴다."

드라마 〈직장의 신〉에서의 독백이다. 우리는 하루하루 월급날만 기다리며 회사를 다닌다.

앞의 사례 1~3 모두 '직접인용'이다. 3의 직접인용을 간접인용으로 바꿔보면 이렇게 표현할 수 있다.

3-1. 드라마 〈직장의 신〉에서 한 직장인이 월급으로 인해 고통 받는 심경에 대해 얘기했다. 오직 하루하루 월급날만 기다린다며 여전히 통장 잔고는 똑같지만 그래도 월급이라는 기대가 있어서 버틴다는 얘기는 마치 노예 같은 삶을 사는 사람과 다르지 않아 보였다.

이렇게 인용을 통해 내 글에 힘을 실어주고 신뢰를 줄 수 있다.

각색은 인용과 달리 '사실을 과장하고 가감하여 재미있게 꾸미는 일'로 사실에 근거해서 내 생각을 덧붙여 수정하는 것을 말한다. 완전히 다른 글이 되어버렸기 때문에 출처는 적을 필요가 없다. 단, 통계자료나 사건의 경우 수치, 년도, 금액 등은 절대 부풀려서는 안 된다.

1. OECD 국가 중 한국이 교통사고율이 5년째 최상위를 차지하고 있고, 2019년 교통사고율 건수를 살펴보니 229,600건이더라. 그만큼 교통수칙을 준수하지 않는 사람이 많다는 거지. 참, 부끄러운 일이야. 교통사

고 관련 뉴스를 볼 때마다 교통법규가 개정되어야 한다는 생각이 많이 들어.

정은지 저자의 『난생처음 사회생활』 책의 한 부분이다. 이렇게 뉴스나 통계자료의 '사실'을 가지고 와서 내 생각을 넣을 수 있다. 여기서 수치나 연도는 그대로 작성해야 한다.

2. 영화 〈블랙〉의 주인공 8살 소녀 마셀은 보지도, 듣지도 못한다. 그런 그녀 곁에는 끊임없는 사랑과 노력으로 세상과 소통하는 법을 가르쳐주고 그녀의 꿈을 펼칠 수 있게 도와준 사하이 선생님이 있다. 사하이 선생님은 미셀에게 '불가능'이라는 단어를 가르쳐주지 않는다. 불가능이라는 단어를 모르기 때문에 미셀은 수없는 실패에도 그것을 실패라고 생각하지 않고 다시 일어선다. 몇 번의 낙제로 힘들어하는 미셀에게 선생님은 "어둠이 삼키려고 해도 네 안의 세상은 빛으로 가득하단다."라고 말하며 용기를 불어넣어준다. 미셀과 아이스크림을 사먹으러 나가며 사하이 선생님은 말한다. "인생은 아이스크림이란다. 아이스크림은 녹기 전에 맛있게 먹어야 한단다."

아이스크림은 너무 꽁꽁 얼었을 때 먹으면 이가 시리고 단단해서 먹기 힘들고, 너무 녹았을 때 먹으면 흘러버려서 먹기가 힘들어진다. 적당이 시원하고 녹지 않았을 때 먹어야 가장 맛있다. 인생도 이와 같아서 너무 늦으면 녹아버려 다시 일어나기 힘들어진다. 기다렸다가 찾아오는 결정적인 순간을 놓치지 말아야 한다.

내 첫 번째 책 『20대 발칙한 라이프! 쫄지 말고 당당하게』의 한 부분이다. 영화내용을 그대로 가져오지 않고 줄거리로 각색해서 풀어쓴 다음, 내 생각과 주장을 넣었다. 이렇게 각색해서 쓰면 인용보다 훨씬 신뢰를 줄 수 있다. 그대로 베껴 쓴 것이 아닌, 저자의 생각이 드러났다고 보기 때문이다.

3. 가난한 집에서 태어난 흑인 '제프 핸더슨'은 가난과 범죄가 들끓는 곳에서 배운 것이라고는 도둑질밖에 없었다. 홀어머니와 어렵게 살던 그는 매일 도둑질을 일삼았다. 작은 도둑질로는 큰돈을 벌 수 없다는 생각에 학교를 그만두고 마약을 판매하기 시작했다. 결국 그는 24세 나이에 체포되어 2019년 7개월의 형을 받고 수감되었다. 그는 교도소에서 설거지를 하면서 어깨너머로 요리하는 것을 보고 요리법을 메모해서 밤마다 외웠다. 그는 출소하자마자 LA의 한 식당에서 접시닦이를 시작했고 여러 호텔에 입사원서를 냈다. 메리어트 호텔, 리츠칼튼 호텔, 벨 에어 호텔, 레르미타주 호텔의 주방장을 거치며 고급 요리 경력을 쌓았고 마침내 라스베가스 벨라지오 호텔 최초의 흑인 총주방장이 되었다.
설거지에 대한 생각의 차이가 그의 인생을 바꾼 것이다. 모든 것은 마음먹기 달렸다. 많은 제소자들은 출소해도 다시 원래 하던 일로 돌아간다. 할 줄 아는 것이 그것밖에 없고, 주위의 '범죄자'라는 따가운 시선이 그들을 그렇게 만든다. 그러나 그는 주위의 시선은 아랑곳하지 않고 자신의 신념대로 밀고 나갔으며 결국 꿈을 이루었다.

이렇게 유명인의 삶을 에피소드 중심으로 각색해서 사례로 만들 수 있다.

사례가 꼭 내 얘기여야만 하는 것은 아니다. 유명한 사람이나 책, TV프로그램, 영화, 잡지 등에서 한 말을 인용해서 내가 주장하는 바에 더 힘을 실을 수 있다. 이때 너무 인용 글만 가득하면 '본인 생각은 하나도 없고, 다 다른 사람들이 한 말로 채웠네.'라고 생각할 수 있기 때문에 각색을 활용하자. 각색은 마치 내가 알고 있는 얘기를 들려주는 것 같아 훨씬 신뢰감을 줄 수 있다. 인용과 각색을 그때그때 잘 활용하면 내 글과 주장에 근거가 된다.

짧고 단순하게
써라

잘 쓰는 사람들의 글을 보면 특징이 있다. 짧고 간결하다. 글이 길어진다는 것은 내 머릿속이 아직 정리가 되지 않았다는 말과 같다. 하고 싶은 말은 많은데 표현이 안 되는 것이다. 그럴 때는 일단 길게 쓴 다음에 자르면 된다. 처음부터 잘 쓰려고 하지 말자. 그냥 손이 가는 대로, 마음 가는 대로 쓴 다음에 퇴고하면 된다.

코로나19가 전 세계 확대로 팬데믹 양상을 보이면서 한 달이면 종식될 거로 생각했던 상황이 장기전으로 이어지고 사회적 거리 두기와 사람들의 불안이 심해지면서 외출을 자제하고 의료기관을 찾는 환자들의 수가 급격히 줄어들면서 신환자 창출이 곤두박질치고 있다.

앞의 글은 브랜딩 책 쓰기 과정 수강생의 칼럼이다. 어떤가? 너무 길어서 읽는 내내 숨이 막힌다. 문장이 너무 길어서 무슨 말인지 이해할 수 없다. '그래서 주장하는 바가 뭐지?', '얘기하고자 하는 핵심이 뭐지?'라는 생각이 든다. 자 그럼 이 글을 한 번 잘라보자.

코로나19가 전 세계 확대되면서 팬데믹 양상을 보이고 있다. 한 달이면 종식될 것이라 예상했던 코로나 19가 장기전으로 접어들었다. 사회적 거리두기 정책에 사람들의 공포와 불안이 더해지면서 외출을 자제하고 있다. 꼭 필요한 것 외에는 의료기관 방문조차도 꺼린다. 그러다 보니 환자들의 수가 급격히 줄어들면서 신환자 창출이 곤두박질치고 있다.

글을 자를 때 무작정 무 자르듯이 자르지 말고, 중간 중간 이어질 수 있도록 적절한 접속어가 필요하다. '장기전으로 이어지고' 대신에 '장기전으로 접어들었다'로 표현하고, '외출을 자제하고 있다'와 '의료기관 방문조차도'로 이어지는 글 사이에 '꼭 필요한 것 외에는'을 넣어서 연결되도록 했다. 이로 인해 환자들의 수가 급격히 줄었다는 것을 나타내기 위해 '그러다 보니'라는 접속어를 추가했다.

또 다른 문장을 하나 더 보자.

예전에 함께 일했던 직장동료 A는 퇴사한 지 몇 년이 지났지만 아직도 시원시원하게 일도 잘하고 동료들에게도 쿨하게 잘했던 A는 정말 인기도 많고 선배도 좋아하는 최고의 인기남이었다.

문장이 길면 주어와 술어가 맞지 않고 무슨 말을 하려고 하는지 이해가 안 된다. 문맥흐름도 이상해진다. 정리해보자.

문득 몇 년 전 함께 일했던 직장동료 A가 생각난다. 퇴사한 지 몇 년이 지났지만 한 번씩 생각나는 건 내게 좋은 기억으로 남았기 때문이다. A는 업무도 시원시원하게 잘 처리하고 동료들에게도 쿨하게 대해서 직원들도 좋아했다. 직장 내 최고의 인기남이었다.

어떤가? 훨씬 이해가 잘되고 머릿속으로 생생하게 그려질 것이다. 글을 쓸 때 호흡은 짧게, 핵심은 한 문장 안에 하나만 들어가야 한다. 이때 너무 짧기만 해도 별로다. 글에도 리듬이 있다. 다 쓰고 나서 소리 내어 읽어보거나 속으로 한 글자, 한 글자 읽어보면 좀 더 이해가 될 것이다. 짧게, 짧게, 길게, 짧게, 짧게, 길게. '약약강 약약강'으로 쓰는 것이다.

'약약중, 약중강'으로 써도 좋다.

예를 들어 이런 식이다.

'난 원래 이런 건 못하는 사람이야.'

'먹고살기도 바쁜데 무슨 꿈이야.'

'대학도 못 나온 내가 뭘 할 수 있겠어?'

혹시 이런 생각을 하고 있는가? 그렇다면 당장 그 생각을 멈춰라. 이 핑계 저 핑계 대면서 무엇 하나 특별한 노력 없이 그냥 말로만 꿈 얘기를 하고, 그 꿈을 이루지 못하는 것에 대한 핑계만 늘어놓고 있지는 않은가?

내가 나를 포기해 버리면 누구도 나를 잡아주지 않는다. 불가능한 이유 따윈 저 멀리 날려버리고 그냥 내가 하고 싶은 일이라면 무조건 돌진해보자. 그냥 이렇게 사는 것에 만족하지 말자. 어차피 죽을 건데 왜 밥을 먹고 어차피 저녁에 또 잘 건데 왜 이불을 개는가. 나를 포기하는 순간 꿈은 사라지게 된다.

글에 리듬이 들어가서 술술 읽힌다. 대부분의 쉽게 읽히는 책이 이런 식으로 구성되어 있다. 지금 내 글도 마찬가지다. 짧게, 짧게 치다가 길어진다. 마치 이야기하듯이 쓰는 것이다. 실제로 말을 할 때도 줄줄줄 마침표 없이 길게 얘기하지 않는다. 짧게, 짧게 말하다가 길게 얘기하면서 리드미컬하게 말한다.

어려운 낱말도 쓰지 말자. 쉬운 단어가 있는데 어려운 단어를 일부러 골라 쓰는 경우가 있다. 좀 더 있어 보이려고 쓰는데 오히려 더 없어 보인다. 초등학생도 읽고 이해가 되는 수준이어야 한다. 독자들은 해석해야 하는 글을 싫어한다. 읽자마자 직관적으로 이해되는 쉬운 글을 좋아한다. 여기서 '쉬운 글'이란 동화책 같은 어린이 글을 쓰라는 것이 아니다. 어려운 단어, 어려운 용어를 쉽게 풀어쓰라는 것이다. 쉽게 쓰는 게 더 매력적이다. 그리고 그게 더 어렵다.

짧고 단순하게 쓰라고 했더니 이번에는 너무 짧게 써서 이해가 안 되게 쓰는 사람도 있다. 쓰는 사람은 무슨 말인지 알겠지만 읽는 사람은 전혀 이해가 가지 않는다.

기억하자. 한 문장 안에는 단 하나의 주제만 짧게 쓰되 긴 글과 중간 글을 적절히 배치해서 리드미컬하게 쓰자.

반복은 그만! 유의어와 비유, 묘사를 활용하라

글을 쓸 때 같은 단어를 반복하는 경우가 있다. 내 마음을 달리 표현할 길이 없어서 같은 단어를 반복하는 것이다.

작가는 자신이 직접 본 것, 경험한 것, 들은 것을 쓰지만 독자는 작가가 표현한 글을 보며 머릿속에 상상한다. 작가가 생생하게 쓰면 쓸수록 독자의 머릿속에 이미지는 선명해진다. 선명한 이미지는 독자의 마음을 흔들고, 몰입하게 만든다.

등장인물이나 풍경 등 보이는 것뿐만 아니라 내 생각이나 성격까지 묘사할 수 있어야 한다. '분노'라는 단어를 쓰지 않아도 분노가 느껴져야 하고, '자유'라는 단어를 쓰지 않아도 자유로움을 느껴야 한다.

초보 작가들이 실수하는 것 중 하나가 자꾸만 글에 자신의 감정을 강요한다는 것이다. "내 감정은 이랬어."라고 독자도 내 감정을 그대로 느끼라고 말이다. 직접적으로 말하지 않고, 묘사만으로도 충분히 그 감정을 느낄 수 있다. '화난', '불쾌한', '기분 나쁜', '즐거운' 등 직접적인 표현을 하지 않아도 그 감정을 그대로 느낄 수 있도록 묘사해보자. 단순히 시각적인 요소뿐만 아니라 청각, 촉각, 후각, 미각을 골고루 넣어서 표현해보자. 훨씬 풍성한 글을 쓸 수 있을 것이다.

매일 아침마다 잠을 잘 못 자서 그런지 목이 아팠는데 이번에 베개를 바꾸고 나서 아픈 게 줄어들었다. 베개가 너무 딱딱하지도 않고, 너무 폭신하지도 않으면서 딱 나한테 맞고 좋았다. 아침에 일어났는데 상쾌하고 정말 너무 좋았다. 베개 하나만 바꿔도 수면의 질이 높아진다더니 역시 그 말이 맞았다. 잠을 푹 자니 아침도 상쾌하고 너무 좋다.

이 글에 '좋다'는 말이 몇 번이나 들어갔을까? '좋다'는 단어가 많이 들어갈수록 좋아 보일까? 베개에 대한 궁금증이 일고, 나도 사서 써보고 싶다는 마음이 드는가? 좋다는 건 알겠는데 딱히 나도 써보고 싶은 생각까지는 들지 않는다. 해당 단어를 쓰지 않으면서 '좋다'는 감정을 느끼게 다시 써보자.

그거 알아? 베개가 수면의 질을 높여준다는 사실! 나도 몰랐는데 이번에 베개를 바꿔보고 알았어. 그동안 아침에 일어나면 목이랑 어깨가 뻐근하고 묵직했었는데 말이야. 진짜 거짓말 하나 안 보태고 상쾌하게 일어난 거 있지? 심지어 피곤하지도 않더라니까.

눕자마자 착 감기는 느낌이 너무 좋았고, 낮 시간 동안 경직된 목이 부드럽게 풀어지는 것 같았어. 베개는 너무 푹신해서도 안 되고, 너무 딱딱해서도 안 된다고 해. 우리 목은 S자로 되어 있기 때문에 적당한 강도의 베개로 목을 받쳐줘야 편안한 자세로 유지할 수 있어. 낮 시간 동안 계속 고개 숙이고 거북이처럼 빼든 상태로 있다가 밤에도 그 상태 그대로 잠든다면 어떻게 될까? 일자목과 거북목으로 평생이 괴로워진다고! 목 건강과 수면의 질을 높이기 위해 이번에 한번 이걸로 바꿔 봐. 3시간 자도 6시간 잔 효과를 볼 거야.

어떤가? '좋다'는 단어는 단 한번 들어갔지만 읽는 내내 '너무 좋다'는 생각이 들지 않는가? 실제 만져보지 않았고 누워보지 않았지만 촉감을 활용해 묘사하면 생생하게 느낄 수 있다. 나도 모르게 결제창으로 손이 갈 것이다. 이번엔 내 감정을 묘사해보자.

나는 내 마음대로 되지 않을 때 화가 난다. 계획을 세웠는데 그 계획대로 일이 진행이 안 되면 나도 모르게 화가 난다. 그래서 계획대로 하려고 다시 수정을 반복한다. 그래도 잘되지 않으면 화가 머리끝까지 나서 주체할 수가 없다. 살다 보면 계획대로 안 될 수도 있는데 나는 그게 용납이 잘 안 된다. 화가 나는 감정을 주체할 수가 없다.

'화가 난다'는 말을 많이 한다고 해서 그 감정에 공감되지는 않는다. "그래서 뭐 어쩌라고? 화나는데 어쩌라고?"라는 생각이 든다. 글은 하나의 표현도구이다. 말로 할 것을 글이라는 도구를 사용해서 표현하는 것이다. 이 글 하나로 독자의 공감을 얻어야 내 글이 계속 읽힐 수 있다. 공감 가는 글은 해당 단어를 주구장창 쓴다고 형성되는 것이 아니다. 그 단어를 쓰지 않아도 자연스럽게 떠올릴 수 있어야 한다. '화가 난다'는 말 대신 뜻이 비슷한 유의어를 사용하고, 묘사를 활용해 써보자.

오늘도 틀렸다. 분명 어제 밤에 짠 내 계획표는 이게 아니었는데 망쳐버렸다. 어젯밤 유튜브를 보느라 조금 늦게 잤던 게 문제였을까? 오늘 새벽 5시에 일어나서 운동 후, 커피를 마시며 보고서 마무리를 하려고 했는데 6시에 일어나버렸다. 운동은 저 멀리 건너가버렸다. 그래도 괜찮았다. 내일부터 하면 되니까. 그런데 커피를 내리려고 보니 커피가 똑 떨어진 게 아닌가? 졸린 눈을 비비며 잠을 깨울 카페인이 필요한 이 순간에 없다니! '잠깐 편의점에 가서 사와야 하나?' 하는 생각이 스쳤지만 밖은 너무 추웠고, 집안은 따뜻했다. 결국 커피도 포기했다.

보고서나 마무리해야겠다는 생각에 노트북을 켰는데 아무리 찾아도 보고서가 보이지 않는다. 어떻게 된 거지? 어젯밤 우리집 강아지 페페가 노트북 주변을 얼쩡거리더니 잘못 누른 게 틀림없다. 순간 가슴속 깊은 곳에 활화산이 폭발하듯 터져버렸다. "아악~!!"소리 없는 비명을 질렀다. 좀처럼 이 감정을 주체할 수 없었다. 늦잠 잔 것부터 커피에, 보고서까지 되는 일이 하나도 없었다.

어떤가? 머릿속으로 그 상황과 감정이 생생하게 그려지는가? 실제 내가 느끼는 감정선을 그대로 따라가면서 쓰는 것이다. 이때 '화가 난다'는 단어를 쓰지 않아도 화나는 그 감정 그대로 느껴지도록 써야 한다.

'화가 난다.'는 '활화산이 폭발하듯 터져버렸다.'나, '아악 소리를 질렀다.' 등으로 표현할 수 있다. 해당단어를 쓰지 않으면서 그 감정 그대로 느낄 수 있도록 비유와 묘사, 유의어를 적절히 사용해서 표현하면 훨씬 더 세련되어 보이고 공감 간다. 비유는 감정을 구체적으로 서술할 때 독자의 상상력을 가동시켜 더욱 와닿게 만들어준다. 그리고 호기심을 불러일으켜서 계속 내 글을 읽어나갈 수 있는 힘을 준다.

[그는 내게 "절대 안 돼!"라고 말을 했다.]를 한 번 여러 가지로 표현해보자.

1. 그는 내게 "절대 안 돼!"라고 말을 했다

2. 그는 내게 절대 안 되는 일이라며 소리쳤다

3. 그는 눈을 부라리며 손으로 '엑스'를 그렸다

4. 그는 비밀스럽게 내 귓가에 되고 "절대 안 돼."라며 속삭였다

5. 그는 말없이 한참을 있더니 "그거 절대 안 되는 일이야."라며 자신의 이야기를 털어놓았다.

6. 그는 내 어깨를 붙잡고 절대 안 된다며 속사포같이 내뱉었다.

7. 그는 한숨을 쉬며 고개를 저었다. "그거…절대 안 돼."

하나의 문장을 이렇게 여러 느낌으로 표현할 수 있다. 글을 쓰다 보면 강조하는 단어를 계속해서 쓰는 오류를 범하게 된다. 앞서 설명했는데 뒤에 또 얘기한다. 본인 생각에 그게 정말 너무 중요하기에 계속 강조해야만 할 것 같다. 이런 경우 같은 단어 반복보다는 적절한 사례와 비유, 묘사, 유의어를 통해 다르게 표현해보자. 훨씬 설득력 있게 표현될 것이다.

부사, 접속사로 글을 더 맛깔스럽게!

글을 쓸 때 정말 주의해야 할 것 중 접속사, 조사, 지시어가 있다. 브랜딩 책 쓰기 작가님들의 글을 피드백 할 때 가장 많이 체크하는 부분이기도 하다.

부사는 문장 속에서 꾸며주는 역할을 하는 것으로 '잘, 매우, 바로, 아니, 안, 못, 과연, 설마, 제발, 아마, 결코, 그러나, 또, 곧, 즉'을 쓰거나 의성어, 의태어를 말한다.

1. A는 누구를 선택할 것인가?

2. A는 '과연' 누구를 선택할 것인가?

1, 2 중 2가 좀 더 호기심을 불러일으킨다.

'설마' 잘못되지는 않을까 걱정되어 잠 한숨 자지 못했다.

이렇게 문장을 꾸며주는 것을 부사라고 한다. 이 부사를 잘 활용하면 글이 맛깔스러워진다.

'아기 오리가 걷고 있다.'보다 '아기 오리가 뒤뚱뒤뚱 걷고 있다.'가 더 생동감 있게 느껴진다. '태풍으로 인해 축대가 무너져 산사태가 발생해 집이 무너졌습니다.'보다 '태풍으로 인해 축대가 무너져 산사태가 발생해 집이 '와르르' 무너졌습니다.'가 좀 더 현장감을 잘 전달한다. '그는 모를 것이다. 내 마음을.'보다 '그는 '아마 결코' 모를 것이다. 내 마음을.'이 절절한 마음이 더 잘 전달된다.

접속사는 문장과 문장을 연결해주는 말을 말한다. 글을 쓰다보면 나도 모르게 계속해서 앞 문장에 이어서 쓰게 되는데 그때마다 접속사가 나오게 된다. '그런데', '그러나', '그래서', '하지만', '그러므로', '그리고' 등이 가장 많이 사용하는 접속사다. 글이 이어지게 하기 위해 사용하는 접속사지만 너무 많으면 이해가 더 안 되고 이상한 문장이 된다. 접속사를 줄이되 똑똑하게 써야 한다.

헉! 지각이다. 평상시 늘 6시에 일어나다가 7시에 일어나버렸는데 빨래도 안 해놔서 입을 옷이 없었다. 그래서 급하게 장롱을 뒤지다가 겨우 찾아서 입었다. 그리고 엘리베이터가 고장이 나서 10층에서 계단으로 내려가는데 다리가 후들후들 거렸다. 그리고 차를 찾으려고 하는데 차가 보이지 않아서 한참 찾다가 지하가 아니라 지상에 주차했다는 사실을 깨닫고 다시 1층으로 걸어가서 차를 탔다. 그런데 빨리 가려고 하다가 신호위반도 했다. 그래서 회사에 지각했다. 그러나 다행히 상사가 자리에 없어서 걸리지는 않았다.

위의 글을 보면 접속사가 많이 들어갔는데 연결이 되는 것도 있고, 안 되는 것도 있다. 접속사를 너무 남발해도 무슨 뜻인지 이해하기 힘들다. 접속사를 썼다면 접속사와 이어지는 적절한 서술어를 써서 마무리해야 한다.

'후들후들 거렸다. 그리고 차를 찾으려'에서 '그리고' 대신 '게다가'를 쓰는 게 좀 더 자연스럽다. '그래서', '그리고', '그런데'는 빼도 좋다. 빼도 글은 잘 이어진다. '그래서 회사에 지각했다'는 '그래서' 보다는 이렇게까지 했는데도 지각한 것이니까 '이런 노력에도 불구하고 결국'이라고 쓰는 게 좀 더 자연스럽다.

특히 일어난 순서대로 글을 쓰면서 접속사로 이어나가면 정말 재미가 없다. 같은 글이라도 순서만 바꿔도 더 매력적인 글이 된다.

헉! 지각이다. 우왕좌왕하던 나는 일단 옷부터 입으려고 장롱 문을 열었다. 아뿔싸! 어제 빨래를 해놓는다는 걸 깜빡하고 그냥 자버렸다. 겨우 뒤져서 입을 만한 옷을 찾아 입고 엘리베이터를 향해 달렸다. 그런데 엘리베이터 문 앞에 떡하니 붙어 있는 '고장'이라는 글.

순간 내 머릿속이 빠르게 돌아간다. 내가 사는 곳은 10층. 10층에서 지하까지 11층. 한숨이 나왔지만 마음 굳게 먹고 걸어 내려갔다. 어찌나 다리가 후들거리는지 계단 난간에 의지하며 겨우 내려왔다.

이번엔 차가 말썽이다. 분명 지하에 주차했다고 생각했는데 아무리 찾아도 보이지 않는다. 이리저리 차를 찾아다니다가 머릿속에 스치는 어제의 기억. 지하가 아니라 지상에 주차했다는 사실이 떠올랐다. 힘 빠진 다리를 겨우 옮기며 1층으로 걸어 올라가 차를 탔다. 벌써 시간이 많이 지났다. 무조건 달려야만 했다. 결국 도로 위를 질주하다가 신호위반까지 해버렸다.

도대체가 되는 일이 하나도 없다. 출근하는 내내 가슴만 졸이고 지각까지 했으니 오늘 하루 일진이 안 좋을 것만 같다. 힘없이 회사 문을 여는데 다행히 상사가 보이지 않는다. 직원들도 외부업무가 많은지 곳곳에 빈 자리가 보였다. 아싸! 지각 안 걸렸다. 그래. 이거 하나는 마음에 드네.

완전히 글 느낌이 바뀌어버렸다. 접속사는 '그런데' 딱 한군데 들어갔다. 그래도 글은 잘 이어진다. 꼭 필요한 곳에 접속사가 들어가되 접속사

없이도 이어질 수 있도록 써야 한다.

조사는 혼자 쓰지 못한다. 단어와 단어를 연결해주고 의미를 부가해주는 기능을 한다. '철수가 집에 갔다'에서 철수가 주어고, '가'는 조사가 된다. '집'이라는 명사를 목적어가 되게 하기 위해 '에'라는 조사를 붙였다. '갔다'에서 '가다'는 서술어고 '다/이다'의 서술어가 되게 마무리하는 것은 조사다. '의', '에, 에게, 에서, 로/으로'도 모두 조사다.

우리는 글을 쓸 때 "이건 주격조사고, 이건 서술격조사고, 이건 목적격조사야."라며 분석하듯 읽지 않는다. 그냥 하나의 문장에 자연스럽고 매끄럽게 들어갈 뿐이다. 이 책에서는 하나하나 문법에 집중하지 않는다. 다만 글의 문맥이 이상하지 않게 몇 가지 포인트만 짚고 넘어가자.

단어의 반복적인 사용은 자제하자. '등등 너무나도 많다'보다는 '등이 있다'로 쓰는 게 좋다. '등'이라는 단어에 '많다'는 뜻이 내포되어 있는데 또 '너무 많다'로 강조하면 무엇이 중요한지 알 수 없게 된다. 내가 강조하고자 하는 부분에만 맛깔스러운 단어가 들어가는 것이 훨씬 독자의 마음을 사로잡을 수 있다.

지시어도 많이 쓰지 않도록 주의해야 한다. 앞에 설명을 해놓고, '그렇게 해서', '이런 식으로~'라는 말을 주로 쓰는데 지시어나 접속사 없이 자연스럽게 글이 연결될 수 있도록 써보는 연습을 해보자.

결국 글은 많이 써봐야 한다. 써봐야 어떤 부분에서 막히는지, 어느 부분에서 연결이 잘 안되는지 알 수 있다. 일단 쓰고, 고쳐보자. 고칠 때는 부사를 적절히 넣고, 접속사를 줄이면서 글이 이어질 수 있게 신경써보자. 글의 때깔이 달라 보일 것이다.

책 쓰기는 어렵다,
하루 한 장 글쓰기는 쉽다

"모든 초고는 걸레다."

소설가 헤밍웨이가 한 말이다. 초고란 '처음 쓰는 글'을 말한다. 목차까지 만들고, 글감과 사례까지 어느 정도 확보도 해놨는데 막상 첫 글을 쓰려고 하니 두렵고, 무엇부터 시작해야 할지 감이 서지 않는다.

당연하다. 처음부터 완벽하게 쓸 수 없다. 일단 손이 가는대로 마구 써야 한다. 의식의 흐름대로 써보자. 준비한 사례부터 먼저 시작해도 좋다. 일단 첫 문장을 쓰면 그다음부터는 쉽다. 그대로 이어서 쓰면 된다. 쓰다가 막히거나 또 다른 사례가 들어가야 이어질 것 같으면 글 중간에 '000

사례 추가하기'라고 써놓고 색깔 표시를 하거나 엔터를 쳐서 문단을 띄워 놓고 계속해서 쓰면 된다. 비워놓은 곳은 퇴고할 때 채워 넣으면 된다.

쓰다보면 잘 안 써지는 목차가 있을 것이다. 그런 경우 과감하게 뛰어 넘어도 좋다. 꼭 1장의 1꼭지부터 쓰지 않아도 된다. 재미있고, 쉽게 써질 것 같은 장부터 먼저 시작해도 좋다. 다만 1장부터 이어지는 글이라면 중간부터 썼을 때 중복되는 내용이 많이 생길 수 있다. 이 또한 퇴고할 때 수정하면 되니까 괜찮다. 다만 중복되거나 앞장에 설명이 들어가 줘야 하는 부분은 감안해서 쓰자.

중요한 것은 매일 한 꼭지씩 쓴다는 목표를 절대적으로 지켜야 한다. 매일 업무에, 집안일에, 육아에, 잔업에 이리저리 치여서 쓰기 힘들더라도 이건 반드시 지켜야 하는 부분이다. '오늘은 회식해서 늦게 마쳤으니까 주말에 몰아서 써야지.', '나는 평일은 매일 늦게 마치니까 주말에 6개씩 써야지.' 하면 처음 얼마간은 지킬 수 있을지 몰라도 어느 순간 주말도 미루게 된다. 평일에 책 쓰기 모드가 켜 있지 않은 상태로 보내다가 주말에만 ON 된다면 버퍼링에 걸려 약 30분 이상 까먹을 수 있다.

책상 앞에 앉는다고 갑자기 줄줄 써지는 게 아니다. 꼭지제목만 한참 째려보다가 자료 조사한다고 이것저것 뒤적이다가 나도 모르게 알고리즘의 이끄는 방향대로 가다보면 1시간 순삭이다. 어느 순간 SNS에 빠져 있는 나를 보게 될 것이다. 제목과 목차를 만드는 데 2주 정도 걸렸다면, 40개의 글을 매일 하나씩 쓰면 5주면 충분하다. 일이 있어 하루 이틀 빠진다고 해도 7주면 끝. 나머지 1~2주는 탈고하면 책이 완성된다. 그러니 무슨 일이 있어도 하루 한 장 글 쓰는 데 집중하자. 완성하지 못해도 좋다. 반만 써도 괜찮다. 일단 시작하자.

하루 한 장 글쓰기를 해내려면 나만의 계획을 짜야 한다.

1. 내가 하루에 쓰는 시간을 모두 적어본다. 아침부터 잠자기 전까지 내가 하는 일을 시간대별로 기록한 후, 그중 빼도 되거나 묶어서 처리할 수 있는 시간이 있으면 묶어보자. 그러면 통으로 1시간 이상 낼 수 있는 시간이 있을 것이다. 그 시간을 책 쓰는 시간으로 정한다.

2. 통으로 뺄 시간이 없다면 시간을 내보자. 나는 낮에는 일을 하고, 저녁에 아이들을 챙겨야 하다 보니 오롯이 집중할 수 있는 시간이 없어서 새벽시간을 활용한다. 밤 10시~10시 30분에 잠들어서 새벽 4시 30분에 일어나 글을 쓰고, 콘텐츠 기획 및 제작, 작가들의 글을 피드백한다. 새벽을 활용하든 밤 시간을 활용하든 나만의 시간을 만들어보자.

3. 이 시간조차 낼 수 없다면 자투리 시간을 활용하자.

아침에 일어나서 출근준비하면서 잠깐 비는 자투리 10분 동안 오늘 쓸 글의 목차를 선택하고 대충 어떤 식으로 풀지 머릿속으로 정리한다. 출근하는 30분 동안 버스, 지하철 안에서 핸드폰이나 노트북으로 그냥 생각나는 대로 글을 휘갈긴다. 점심시간에 밥을 빠르게 먹고 남은 20분 동안 또 부족한 부분을 채워 넣는다. 퇴근길에 그동안 쓴 글을 정리하면서

수정한다. 집에 와서 잠들기 전 10분 동안 마무리 정리한다.

이런 식으로 나만의 자투리 시간을 활용하는 것이다. 10분, 20분 자투리 시간을 낭비하지 말고, 오롯이 글쓰기에 집중하자. 나는 책을 쓰는 동안 내내 목차를 곁에 두고 일을 하다가도 문득문득 소재나 글감이 생각나면 바로바로 메모했다. 그 메모들이 쌓이면 빠르게 글을 쓸 수 있다.

이렇게 해도 너무 어렵다면 내 글의 피드백을 받을 수 있는 글쓰기 모임에 참석해보는 것도 좋은 방법이다. 글쓰기 모임은 여기저기 많다. 그중 내가 도움을 받고 싶은 피드백을 해주는 곳인지, 단순히 글쓰기 습관만 만드는 곳인지 정확히 확인하고 선택하자. 첨삭과 피드백을 주는 곳은 흔치않다. 엄청난 시간과 노력이 들기 때문이다. 그렇지만 함께하는 모임 참가자들의 자발적 피드백과 응원이 있다면 그 또한 할 만하다. 중요한건 매일 글쓰기를 놓지 않는 것이다. 매일 한 꼭지씩 40일이면 초고를 완성할 수 있으니 딱 40일만 집중해보자.

글쓰기는 어렵다. 하지만 하루 한 장 글쓰기는 쉽다. 매일 정해놓은 꼭지 한 장은 완성한다는 생각으로 임하자. 한번 빼어든 연필은 다 쓸 때까지 놓지 말자. 특히 책은 시류성도 있기 때문에 타이밍을 놓치지 않도록 하자. 다이어트 책인데 여름 다 지나서 쓴다거나 목표설정 관련 책인데 가을에 맞춰 쓰면 바로 출간이 어렵다. 때를 기다려야 한다.

미루지 말고 무조건 기간 안에 쓴다는 생각으로 매일 한 장씩 써보자.

4장

퇴고편 (9~10주) :

출판계약 확률 높이는 퇴고법과 출판계약 방법

쓰레기 같은 초고, 출판계약 확률 높이는 9가지 퇴고 방법

와! 축하한다. 드디어 모든 초고를 완성했다. 이제는 내 글을 더 매력적으로 만들어줄 퇴고시간이다. 탈고란 원고를 탈(脫)한다, 즉 글쓰기를 완전히 마치는 것을 말한다. 초고는 처음 쓴 글을 말하고, 이 글을 완전히 마쳤으니 이제 초고 수정작업인 퇴고가 남았다.

헤밍웨이는 『노인과 바다』를 200번 이상 퇴고했다고 한다. 『개미』의 저자 베르나르 베르베르도 12년 동안 100여 차례 수정했다고 한다. 그 엄청난 고쳐 씀에 멋진 글이 완성된 것이다. 고쳐 쓰면 고쳐 쓸수록 옥고로 거듭나게 된다.

일단 초고는 거지같이 써라. 멋진 글 쓰려고 욕심내는 순간 '아 내 글 쓰레기네. 이걸 어떻게 쓰지?'라는 생각으로 이어지게 된다. 당연하다. 다른 글과 비교하면 내 글은 못나 보이니까. 그러니 일단 써야 한다. 쓰기 싫어도, 힘들어도, 고통스러워도 일단 밀고 나가야 한다. 잘 쓰려고 애쓰지 말자. 자꾸 꾸밈말, 부연설명 넣고 싶어지는 그 마음 충분히 안다. 나도 처음엔 그랬다. 그렇게 안 써도 괜찮다. 오히려 횡설수설할 수 있다. 그냥 쓰자. 일단 매일 쓰는 것에 집중하자. 초고 완성이 목표다.

자! 이제 초고를 완성했으면 이제 퇴고의 시간이다.

1. 잠시 휴식기를 가진 후 퇴고하라.

초고를 다 쓰고 나면 지친다. 힘들다. 바로 이어서 탈고를 하면 그 느낌 그대로 가져가서 제대로 탈고를 할 수 없다. 이럴 때는 일주일 정도 쉬면서 텀을 가진 후 탈고하는 것이 좋다. 맛있는 것도 먹고, 좋은 곳도 가고, 산책도 하고, 좋은 책도 읽으면서 리프레시를 하는 것이다. 그런 다음 탈고를 하면 이전에 보이지 않던 것들이 보이게 된다. 이때 너무 많이 쉬면 글 감각을 잊을 수 있으니 딱 일주일만 쉬자.

글을 쓸 때의 나와 고칠 때의 내가 달라야 한다. 글을 쓸 때는 책 속에 푹 담겨서 쓰지만, 고칠 때는 좀 더 객관적인 시각으로 바라봐야 한다. 독자의 입장에서 잘 읽히는지, 문맥이 이상하지는 않은지, 중복되는 문장은 없는지, 앞에서 나온 사례가 또 나오지는 않는지 등을 보며 고쳐야 한다.

2. 일단 퇴고하면 초집중해서 통으로 3시간 이상 시간을 잡고 하라.

초고는 하루에 하나씩 쓰거나 띄엄띄엄 쓰기도 하고 혹은 하루에 연달아 많이 쓰기도 한다. 대부분은 직장생활을 하면서 쓰기에 통으로 시간을 마련하기 쉽지 않다. 그러다 보니 처음에 쓴 초고는 계획한 대로 잘 흘러가다가 점점 시간이 지날수록 방향을 잃고 산으로 가기도 한다. 이런 것들을 모두 수정해야 한다.

퇴고할 때는 초고 쓸 때와 달리 초집중해서 하루에 최소 3시간 이상 투자해야 한다. 그래야 그 흐름이 깨지지 않고 그대로 이어서 수정할 수 있다. 나는 퇴고할 때 토, 일 주말을 오롯이 투자한다.

하다 보면 1장의 내용 중 한 꼭지가 2장에 가야 하는 경우가 생기고, 2장의 3번 꼭지 사례가 3장의 1번 꼭지와 겹치기도 할 것이다. 찾아서 수정하고 고치는데 중간에 멈추면 어디에 뭘 수정해야 할지, 겹친 부분을 어떻게 바꿔서 넣을지 헷갈리게 된다. 다시 그 흐름을 잡기 위해 버퍼링 시간이 필요하고 그러다 보면 퇴고가 힘들고 어렵게 느껴진다. 초고 완성 후 시간을 두고 퇴고하되 퇴고 시작과 동시에 시간을 많이 투자해서 초 집중해야 하는 이유다.

3. 한 글자, 한 글자 읽으면서 고쳐라.

꼼꼼하게 한 글자 한 글자 뜯어 가면서 읽어야 한다. 소리 내어 읽는 것도 좋다. 너무 글이 많아 소리 내어 읽기 힘들다면 속으로 읽되 리듬감을 주면서 읽어보자. 분명 어딘가 막히는 부분이 생길 것이다. 말이 잘 이어지지 않거나 어색한 문장들은 수정한다. 그리고 다시 읽어본다. 그렇게 반복을 하는 것이다.

4. 주제가 흐려지지 않게 주제에 집중해서 뺄 것과 더할 것을 찾아라.

소제목별로 주장하는 바가 잘 흘러가는지, 사례가 주제와 잘 맞는지 체크하고 수정한다. 어색한 표현, 불필요한 문장, 불필요한 접속어와 부사, 주어와 서술어의 불일치도 찾아서 수정한다. 너무 많은 꾸밈말들로 주제가 흐려지기도 하기에 화려한 미사여구가 있다면 덧붙이지 말고, 덜어내자. 같은 단어를 반복하고 있다면 다른 단어로 대체하거나 대명사 '그', '저', '이' 등으로 바꾸거나 과감히 삭제해도 좋다.

무엇을 더하는 것보다 빼는 게 때론 더 멋진 글이 되기도 한다.

5. 컴퓨터로 모두 수정 후, 프린트해서 한 번 더 체크한다.

첫 퇴고는 컴퓨터 모니터 화면을 보면서 하되, 수정 후에 프린트해서 한 번 더 보자. 이때 진짜 책처럼 가로로 단을 나누어서 프린트해서 보면서 읽으면 더 효과적이다. 모니터로 볼 때는 보이지 않았던 것들이 보일 것이다. 빨간펜을 꺼내서 줄을 그어가며 과감하게 고쳐보자.

6. 목차를 보면서 수정하라.

가끔은 2장의 꼭지가 3장에 들어가야 하는 경우도 있고, 3장의 꼭지 중 일부가 2장에 들어가는 게 흐름상 더 맞을 때도 있다. 그런 경우 목차를 수정하면 된다. 목차를 보면서 어디에 어떻게 들어가면 좋을지 생각하면서 수정하자. 때론 문단 한 덩어리를 떼어서 옮기거나 완전히 삭제하기도 한다.

7. 시간과 장소를 바꿔가면서 퇴고하라.

최소 두세 달에 걸쳐 책을 쓰기 때문에 그날 기분에 따라 글도 감정이 요동친다. 아침에 쓰는 글과 저녁에 쓰는 글도 감성이 다르다. 아침에 쓰면 좀 더 역동적이고, 저녁에 쓰면 침착해지고 가라앉는다. 주로 저녁에 초고를 썼다면 퇴고할 때는 반대로 아침에 해보자. 아침에 주로 글을 썼다면 퇴고는 저녁에 해보자. 집에서 주로 퇴고했다면 밖으로 나가서 공원에서 하거나 커피숍에서 하거나 장소를 바꿔보자. 장소에 따라서도 글의 느낌은 달라질 수 있다.

8. 수정은 최소 3번 이상은 한다.

처음 수정은 전체적인 글 흐름을 보면서 목차와 문단, 사례까지 큰 수정을 한다. 두 번째는 문맥이나 글의 흐름이 잘 이어지는지, 주제에 벗어나지는 않는지 본다. 세 번째는 띄어쓰기, 맞춤법, 단어수정 등 세세한 부분을 수정한다. 맞춤법은 완벽하게 할 필요 없다. 어차피 투고하면 출판사에서 한 번 더 수정을 하기 때문에 너무 완벽하게 하려고 하지 않아도 된다.

퇴고는 하면 할수록 더 좋아진다. 다만 소설이나 문학작품이 아니고서 100번, 200번까지는 솔직히 힘들다. 첫 탈고에 가장 초집중하고, 그 다음부터는 가볍게 터치하듯이 2~3번 더한 다음 마무리하는 게 가장 좋다.

9. 맞춤법과 띄어쓰기는 한글에서 F8을 누르면 기본적인 수정이 가능하다.

기본적인 수정 후 네이버 '맞춤법 검사기'를 활용해서 디테일하게 수정한다. 단, 네이버 맞춤법검사기는 500자까지만 가능하기 때문에 부분, 부분 복사해서 붙여 넣고 수정해야 하는 번거로움이 있다. 인크루트, 잡코리아 등 구인구직 사이트에 자기소개서 작성 게시판이 있다. 여기에 글을 복사해서 붙여 넣으면 맞춤법 검사를 해준다. 3만 자까지도 가능하니 좀 더 편하게 활용해보자.

수정은 큰 틀에서 작은 것으로 나아가야 한다. 처음부터 맞춤법이나 띄어쓰기 수정에 공을 들이지 말자. 어차피 내용이나 문맥, 문장의 큰 가지 자체가 바뀌다 보면 또 수정해야 한다. 작은 것들은 마지막에 수정하자.

기획출판, 자비출판, 자가출판(POD), 독립출판 뭐가 달라?

책이 만들어지는 과정을 크게 보면, 1. 내 글의 방향성, 콘셉트 기획 1~2주 / 2. 제목, 목차 만들기 2~3주 / 3. 샘플 원고 작성 / 4. 샘플원고에 맞춰서 초고 작성 약 6~7주 / 5. 탈고 및 퇴고 2주~4주 / 6. 출간기획서, 원고를 출판사에 투고 / 7. 보통 2주 안에 출판사와 계약 / 8. 출판사에서 편집 및 수정 / 9. 세 달 안에 출간 (늦어도 여섯 달 안) / 10. 저자강연회, 책 프로모션 및 연계활동, 마케팅 순으로 진행된다.

원고 작성만 약 세 달이 걸리고 출판사와 계약 후 실제로 책이 출간되기까지 또 세 달, 총 여섯 달 이상이 걸린다. 종이책은 그만큼 시간과 노력이 많이 들어가는 과정이다. 하루만에도 쓰는 전자책과는 완전히 다르다. 물론 전자책도 인디자인을 배워 하나하나 만들어 ISBN을 발급받고 정식 출판물로 출간할 수도 있다. 그 경우 시간이 더 걸린다.

책을 출간하는 방식에는 기획출판과 자비출판, 자가출판(POD), 독립출판이 있다.

자비출판은 말 그대로 작가가 돈을 내서 출판하는 방식을 말한다. 책을 내고 싶어 하는 사람은 많고, 책을 사려는 사람은 적다보니 출판사 입장에서는 잘 팔리는 책을 내고 싶다. 잘나가는 작가의 책을 내고 싶은 것이다. 그런데 이미 잘나가는 작가는 대형 출판사와 계약을 하다 보니 신입이면서 괜찮은 인지도를 가지면서 글도 잘 쓰는 사람을 찾아야 한다. 쉽지 않다. 작가 입장에서도 일단 썼지만 대형 출판사와 계약할 정도는 아니다. 자신의 사업을 확장시킬 발판으로 책을 쓴 것이라 돈이 좀 들더라도 빨리 책을 내고 싶은 마음뿐이다. 이런 경우 양쪽의 입장을 반영하여 자비출판을 활용할 수 있다.

자비출판 비용은 1,000부 기준으로 300~500만 원 정도 소요된다. '자비출판'이라고 검색해보면 견적을 뽑을 수 있는 출판사들을 찾을 수 있다. 예전에는 자비출판 퀄리티가 좋지 않았는데 요즘은 자비출판도 디자인이 매력적이다. 다만 돈을 많이 투자해야 한다는 단점이 있다.

금액적 부담을 줄이고 책을 내고 싶다면 독립출판이 있다. 독립출판은 작가가 원고 집필뿐만 아니라 본문과 표지 디자인, 인쇄, 유통, 마케팅,

정산까지 다 하는 것을 말한다. 베스트셀러 『달러구트 꿈 백화점』은 원래 독립출판물로 나왔다. 그러다 입소문을 타고 사람들에게 퍼져나갔고 대형 출판사에서 손을 내밀어 정식 출판을 하게 되었다. 정말 좋은 책이지만 출판사와 계약이 되지 않고, 자비출판은 부담스럽다면 독립출판도 좋다.

다만 돈 대신 시간과 노력을 갈아 넣어야 한다. 말이 쉽지 글 하나 쓰기 힘든 초보 작가가 그 과정을 전부다 혼자서 해내는 건 쉽지 않다.

요즘은 POD(Publishing On Demand)출판 방식을 많이 활용한다. 독립출판의 단점을 보완한 자비출판 방식인데 디자인까지만 해놓고 '부크크'나 '퍼플' 같은 출판대행 사이트에 등록하는 것이다. 주문하면 동시에 제작에 들어가서 배송하는 시스템이다. 수수료를 뺀 나머지가 내 인세가 된다.

이 플랫폼을 활용하면 재고 부담이 없고, 팔릴 때마다 한 권씩 인쇄해서 보내기 때문에 인쇄비도 부담이 없다. 단, 주문과 동시에 제작이 들어가기 때문에 요즘같이 다음 날이면 배송되는 시대에 책을 늦게 받아야 하는 단점이 있다. 또, 서점에서는 만나기 어렵다. 서점에 입고하고 싶다면 미리 내가 주문해서 서점에 별도로 입고해야 한다.

여기까지 살펴보니 역시 뭐니 뭐니 해도 기획출판이 최고다. 기획출판은 작가가 원고와 출간 기획서를 작성해서 출판사에 투고해서 출판하는 형식이다. 보통 전체 원고를 다 보내기 보다는 샘플원고 20~30장 정도를 보낸다. 출판사는 원고와 출간 기획서를 보고 시장성이 있다고 판단이 들면 작가에게 연락을 해서 작가와 함께 기획해서 출간한다.

기획출판을 하면 출판사에서 돈을 투자하고, 작가에게는 인세를 지급한다. 인쇄, 홍보, 디자인, 마케팅 등 출판에 드는 모든 비용을 출판사에서 부담하는 것이다. 보통 신입 작가는 7~8%의 인세를 받고, 인지도가 조금 있는 작가는 10%까지 받기도 한다. 자비출판보다 퀄리티도 좋다. 모든 돈을 다 받고 시작하는 자비출판보다 모든 비용을 출판사가 부담하고 시작하기에 더더욱 잘 팔아야 하기 때문이다. 당연히 마케팅에 집중할 수밖에 없다. 물론 작가도 마케팅에 힘써야 한다.

기획출판이 돈을 들이지 않고 출간할 수 있기에 책을 쓰고자 하는 사람들이 가장 선호하는 방법이다. 다만 초보 작가가 선택받기는 쉽지 않다. 정말 글을 잘 쓰거나, 기획을 잘해야 한다. 출판사는 바쁘다. 매일 수많은 투고 이메일을 받는다. 그중에서 좋은 원고를 찾으려면 모든 글을 다 읽을 수 없다. 제목과 목차, 책 소개말만 보고 선택하게 된다. 그렇기에 출간기획서 작성이 중요하다.

당신은 어떤 출판방식으로 출간하고 싶은가? 내 글의 주제와 콘셉트, 내용에 따라 기획출판이 될 수도 있고, 독립출판이 될 수도 있다. 필요하면 자비출판도 활용하자. 내 브랜딩을 목표로 빠르게 출간해야 한다면 자비 출판으로 내는 것도 나쁘지 않다. 퀄리티는 조금 떨어지지만 스스로의 힘으로 책을 낸다는 것에 의의를 두고 싶다면 POD 방식도 좋다. 내 목적이 무엇이냐에 따라 출간 방법은 무궁무진하다.

출판사의 클릭을 부르는 출간기획서
이메일 보내는 법

앞의 출판방법 중 기획출판으로 마음을 정했다면 이제 출판사에 투고를 해야 한다. 투고란 출판사에 원고를 소개하는 것을 말한다. '피칭'이라고도 하는데 투수가 마운드에서 타석을 향해 공을 던지는 뜻의 야구용어에서 따온 말이다. 이 피칭을 잘해야 출판사의 선택을 받을 수 있다. 보통 피칭은 이메일을 통해 하는데 내가 출간하고자 하는 책의 방향성과 맞는 출판사 이메일을 수집해서 보내야 한다.

메일주소 수집은 대형서점에 가서 직접 보면서 수집하는 게 가장 좋다. 내가 출간하고자 하는 책의 분야나 결이 맞는 책을 찾았으면 맨 앞장이나 뒷장에 판권을 찾아본다. 판권에 출판사 연락처와 이메일 주소가 적혀 있으니 미리 준비해 간 메모지에 기록하자. 일일이 적기 힘들면 핸드폰으로 촬영해도 좋은데 혹시라도 직원들의 오해를 살 수 있으니 주의하자.

발품을 팔기엔 너무 멀거나 주변에 서점이 없다면 교보문고나 YES24 등의 온라인 서점에서 검색해도 좋다. 내가 출간하고자 하는 분야의 책을 검색해서 그 책의 출판사명을 확인해서 네이버에 재검색하면 홈페이지나 블로그, 인스타를 확인할 수 있다. 링크를 타고 가서 메일주소를 확인하면 된다. 간혹 작은 1인 출판사의 경우 출판사명을 검색해도 안 나오는 경우가 있는데 이런 경우에는 서점에 가서 직접 발품을 팔아야 한다.

메일을 보낼 때 제목에 어그로를 끌어줘야 한다. 그래야 출판사가 클릭을 누른다. 무조건 클릭할 수밖에 없는 제목, 부제목이 들어가 주면 된다. 이때 제목 자체를 잘 만들어줘야 클릭할 확률이 높아진다.

클릭했을 때 적힌 '투고인사말'의 첫 2~3줄에 이 책의 핵심을 쓴다. 내가 투고하고자 하는 이 책의 기획의도가 뭔지 다른 책과 다른 점이 뭔지 써주는 것이다. 이는 출간기획서 작성할 때 미리 적어두고 그 내용을 그대로 써주면 된다.

출판사는 원고를 선택할 때 5가지를 본다. 저자프로필, 출간방향성, 책의 분야, 시장성, 원고가능성. 이 5가지가 모두 버무려진 투고 인사말이 필요하다. 그전에 출간기획서부터 작성해보자.

출간 기획서란 책 집필 전 어떻게 쓰고 출간할 것인지 기획하는 것이다. 집을 지을 때 도면을 보는 것처럼 책을 쓸 때도 기획서를 보면서 방향성을 잡는다. 언제까지 초고를 쓰고, 언제까지 퇴고를 해서 투고할 것인지의 세세한 계획도 모두 포함된다. 목차와 함께 늘 가지고 다니면서 글을 쓰면 주제를 벗어나지 않고 쓸 수 있다. 처음 책 주제와 콘셉트, 방향성을 기획할 때 미리 작성하는 것이 좋다.

출간 기획서에 들어가는 항목을 하나씩 살펴보자.

1. 기획의도

왜 이 책을 쓰는지 의도를 비교적 자세하게 적는다. 기획의도가 명확하면 글을 쓸 때 산으로 가지 않고 주제에 맞게 흔들림 없이 나아갈 수 있다. 출판사에서도 이 기획의도를 보고 시장성이 있는지, 잘 팔릴 만한 주제인지 판단한다. 기획의도에 따라 이 원고를 출간할 것인가 말 것인가를 결정하기도 한다.

내 첫 책 『20대, 발칙한 라이프! 쫄지 말고 당당하게』는 원래 제목이 『나쁜 여자가 성공한다』였다. 이 책의 기획 의도는 다음과 같이 썼다.

불확실한 미래에 대한 막연한 불안감을 안고 살며 남들이 말하는 대학을 가고, 남들이 원하는 직업을 갖고, 남들이 하라는 인생만 살아온

20대 그녀들에게 나쁜 여자가 되라고 소리친다. 뻔뻔함과 교만함은 다르다. 내가 잘났다고 남들을 무시하는 것이 아니라, 자신감으로 똘똘 뭉쳐서 때를 기다릴 줄 아는 것. 그것이 뻔뻔함이다. 나를 위해서 언제나 우리가 고용주라고 생각하고 뻔뻔하게, 자신 있게 도전하고 꿈을 향해 나아가야 한다. 이 책은 자존감, 꿈, 성공, 도전, 직업, 사랑, 관계에서 고민하는 대한민국 20대 여자에게 할 수 있다는 믿음과 도전정신을 일깨워주고 가슴 떨리는 꿈을 가질 수 있게 도와주고자 한다.

어떤가? 제목과 어우러져 호기심을 유발하는가?

아래는 두 번째 저서 『1인 창업이 답이다』의 기획 의도다.

언제 퇴직할지 몰라 전전긍긍하며 불확실한 미래에 대한 막연함을 안고 살고 있는 이 시대 모든 직장인들과 인생 2막을 준비하는 사람들이 1인 창업으로 갈 수 있도록 도와주고자 한다. 평범한 사람은 1인 창업을 할 수 없을 것이라 생각 하는 많은 평범한 사람들의 성공스토리를 담아 용기를 불어넣어주고자 한다. 또한 그동안 평범한 주부에서 병원컨설팅 경험과 컨설턴트를 배출해온 경험을 녹여 실제 창업 성공하는 9가지 비법을 담아 1인 창업을 하고 싶어 하는 사람들을 돕고자 한다.

기획 의도는 제목과 주제와 맞아떨어져야 한다.

그러면 이 책의 기획 의도는 무엇일까?

1. 수많은 책 쓰기 책이 있지만 많은 책들이 '책 쓰기 기법', '책 쓰기 스킬'을 알려준다.

2. 이 책은 단순한 책 쓰기 기법, 스킬을 알려주는 것이 아닌, 책 한 권 제대로 잘 써서 자신의 상품을 잘 판매할 수 있는 브랜딩 방법에 대해 알려준다.

3. 책을 쓰고 끝이 아니라 이후 책을 판매하고, 책을 통해 내 상품, 콘텐츠를 판매할 수 있는 실질적인 방법을 알려준다.

4. 1인 브랜딩 시대, 자신을 브랜딩하고 판매해서 수익화하고 싶어 하는 사람들의 니즈를 반영해서 사례와 함께 실질적인 방법론으로 푼다.

2. 가제

책의 제목을 말한다. 최종 제목이 아니기에 가제로 칭한다. 가제가 괜찮으면 그대로 출간되기도 한다. 실제 '브랜딩 책 쓰기 마스터클래스' 작가님 중 내가 만든 제목 그대로 출간된 경우가 종종 있었다. 목차도 그대로 나오는 경우가 많았는데 그때마다 뿌듯하다.

3. 타깃독자층

책을 기획할 때 염두에 두었던 독자층을 기록한다. '언제 퇴직할지 몰라 전전긍긍하며 불확실한 미래에 대한 막연함을 안고 살고 있는 이 시대 모든 직장인과 인생 2막을 준비하는 사람들', '책으로 브랜딩하고 싶은 사람들', '책 써서 어떻게 홍보하고 자신을 알려야 할지 궁금한 분들', '책을 통해 자신의 상품을 판매하고 싶은 사람들'처럼 구체적으로 기록한다.

4. 핵심 콘셉트

기획 의도와 함께 콘셉트를 쓴다. 어떤 방식으로 쓸 것인지, 문체는 어떻게 할 건지 정하는 것이다.

예를 들어 영업스킬 경제경영분야의 책을 쓴다고 하자. 콘셉트에 따라 딱딱하게 스킬 위주로 풀어나갈지, 에세이처럼 일화 위주로 풀어가되 실제 사용한 방법론을 풀어나갈지, 평어체로 약간 유머러스하게 풀지, 경어체로 부드럽게 풀지 정해볼 수 있다.

5. 목차

만든 목차를 전부 첨부한다. 목차만 봐도 '아 어떤 내용의 흐름대로 흘러가는구나.'를 알 수가 있다. 장 제목별로 어떤 내용이 담겨 있는지 짧게 요약해서 써주면 더욱 좋다.

6. 경쟁도서 목록 및 강점과 약점

앞에서 경쟁도서 분석을 해봤을 것이다. 이 경쟁도서 분석으로 내 글의 차별화 요소를 찾을 수 있다. 현재 시중에 이런 경쟁도서가 있고 나는 어떤 차별점을 갖고 쓸 것인가를 정리해두면 '기획의도'를 쓸 때 좀 더 설득력 있다.

경쟁도서 책 제목과 강점, 약점 분석한 내용은 내가 글을 쓸 때 참고로 하고, 투고인사말을 쓸 때 차별화 포인트만 기록하면 된다. '관련 도서가 수없이 출간되고 있지만 ○○○ 부분에 대해서는 미미한 내용뿐이라 이 부분에 대해 쉽게 이해할 수 있도록 사례로 풀어서 담았습니다.' 이런 식으로 쓰는 것이다.

7. 저자소개, 프로필

출판사는 이 책을 기획한 저자에게 당연히 관심이 간다. 얼마나 매력적으로 저자를 소개하느냐에 따라 출간을 할 것인가 말 것인가 판단되기도 한다. 당연히 솔직하게 작성하되 이 책과 관련해서 얼마나 전문성이 있는지, 잘 팔 수 있는지 잘 드러내야 한다. 수많은 이력 중에서 이 책의 전문성과 연관된 이력 위주로 쓰고, 현재 운영 중인 SNS 계정 링크도 함께 첨부한다. 요즘은 마케팅도 작가가 전면에 나서서 한다. 출판사 혼자 힘으로 하기에는 역부족이다. 어떻게 마케팅을 하고, 잘 팔릴 수 있게 할 것인지 방안도 함께 기록해주면 더욱 좋다.

아래는 실제 엄마키움 대표이자 엄마 성장 이야기로 투고해서 계약한 작가님의 투고인사말 중 한 부분이다

안녕하세요. 17년차 직장맘으로 아이들을 키우며 꿈을 키우고 있는 대한민국 평범한 엄마이자 '엄마키움'의 대표로 엄마들의 성장을 응원하는 멘토입니다.

이 책은 육아관련 책이 아닙니다. 아이를 키우면서 엄마도 키운다는 엄마를 위한 '엄마 자기계발' 책입니다. 17년 동안 직장을 다니면서 아이를 키우며 경험했던 것, 여러 사례들을 녹여서 뻔한 내용이 아닌 실질적인 내용을 담았습니다.

찌질한 아줌마에서 성공한 커리어우먼이 될 수도 있고, 월급 외 부수입도 만들어 낼 수 있습니다. 무엇보다, 엄마들의 모임이 단순히 시간낭비가 아니라, 함께 성장하고 커나갈 수 있다는 것을 알려주고자 합니다.

책이 출간된다면 지금 운영하고 있는 인스타와 블로그, 강의 수강생들에게 적극적으로 홍보하고 시 도서관에 배치할 수 있도록 하겠습니다.

인스타 : ○○○ / 블로그 : ○○○

여기에 간단한 본인 약력도 함께 넣어주었다. 투고한지 3일 만에 출판사의 연락을 받았고 바로 계약을 할 수 있었다.

8. 집필일정

언제까지 초고를 마감할 것인지, 퇴고날짜, 투고날짜를 써두는 것이다. 책을 기획할 때 미리 써두면 그 날짜 안에 최대한 맞추려고 노력하게 된다.

이는 나를 위한 것으로 출판사에 투고할 때는 이 부분은 빼고 보내면 된다.

9. 분야 및 분량

책의 분야는 앞서 1부에서 설명한 바 있다. 내가 출간하고자 하는 책의 분야와 함께 한글파일 몇 장인지도 기록하자. 보통 80~100페이지 정도 쓰면 된다. 예전에는 120페이지 정도 써야 했지만 요즘은 얇은 책을 더 선호하다 보니 분량도 줄었다. 정말 얇은 에세이의 경우 A4 60페이지도 괜찮다.

브랜딩 책 쓰기 과정 작가 중 한 분이 80페이지 정도 작성해서 출판사에 투고했는데 거의 대부분 덜어내어 얇은 에세이 북을 출간했다. 핵심만 넣어서 얇지만 예쁘게 만들어 소장가치를 높였다. 당연 반응도 좋았다.

목차대로 쓰되 출판사에서 시장 상황에 따라 편집하기 때문에 감안해서 80~100페이지 가량 쓴다고 생각하면 된다. 모자라는 것보다 남는 게 훨씬 편집이 쉽다. 보내고 나서 분량 부족으로 더 써달라는 요청을 받으면 어디에 뭘 더 추가해야 할지 몰라 어렵다. 처음부터 어느 정도 분량은 나오게 쓰자.

메일 내용에 투고인사말 A4 1장 분량으로 출간기획서 내용을 토대로 기록하고 출간기획서와 함께 원고 파일을 함께 첨부하여 보낸다. 투고인사말에 출간기획서 내용이 모두 들어간다면 굳이 출간기획서는 별도로 첨부하지 않아도 된다. 샘플원고만 첨부 시 최소 20장 이상의 글을 써서 보내고, 다 썼다면 전체 원고파일을 보낸다. 이때 한글파일을 추천한다.

워드파일보다는 한글파일로 작업을 많이 하기 때문에 어차피 보내도 복사해서 한글파일로 옮겨서 본다. 처음부터 한글파일로 보내자.

샘플원고만 첨부 시 내용이 괜찮아서 계약했는데 이후 쓰는 글이 방향성에 맞지 않으면 몇 번의 수정 끝에 출간이 미뤄지기도 한다. 물론 계약을 했기에 출간은 되겠지만 우리의 목적은 빠른 출간이다. 빠른 출간을 위해서는 전체 글을 다 쓰고 투고하는 것이 가장 좋다.

나는 브랜딩 책 쓰기 과정을 통해 무조건 탈고까지 완벽하게 끝내놓고 투고하도록 한다. 그러면 출간계약 후 몇 번의 편집과 탈고 없이 바로 출간이 가능해진다. 가장 빨리 출간하신 작가님은 한 달도 안 되서 하신 분도 있다. 탈고 피드백으로 이미 완벽해진 상태였기에 가능한 일이었다.

물론, 출판사마다 좀 더 원고 수정을 원하거나 원고를 더 요구하기도 한다. 책의 완성도를 높이기 위함으로 더 수정보완하면 된다.

투고하는 출판사가 여러 군데라면 반드시 '개별 전송'에 체크하고 보내자. 메일을 받았는데 여러 개의 메일이 뜨면 출판사 입장에서는 '아, 나말고 다른 데도 많이 투고했구나. 굳이 내가 안 읽어도 되겠다.'라고 생각할 수 있다. 내 원고를 잘 봐달라고 부탁하는 입장에서 예의도 아니다. 꼭 개별 전송하자. 예약을 걸어두면 편하게 보낼 수 있다.

출판사 계약 전 반드시 알아야 할
TIP

"출판사에서 연락이 왔어요!"

호들갑을 떨며 작가에게 연락이 왔다. 자세히 들여다보면 메일의 내용은 '검토 후 연락드리겠습니다.'다.

대형 출판사의 경우 검토하는 데 시간이 걸린다. 보통 2주 정도 소요된다. 그런데 2주 뒤면 정말로 연락이 올까? 그렇지 않다. 연락이 안 오는 경우가 부지기수다.

투고 메일을 보내면 검토 후 연락 준다는 자동 메일이 오기도 하고, "우리 출판사와 출간방향이 맞지 않습니다."라는 메일이 오기도 한다. 분명 내 책 분야의 출판사 메일주소를 수집해서 보냈음에도 분야가 맞지 않다고 오기도 한다. 아예 아무런 답변 없는 곳도 많다.

출판사 선택은 정말 중요하다. 어떤 출판사를 만나느냐에 따라 내 책의 운명이 달라지기 때문이다. 소형 출판사의 경우 빠르게 검토하기 때문에 1~3일 안에도 연락이 온다. 여기서 주의할 점은 기획출판을 할 목적으로 투고한 것인데 자비출판사에서 연락이 오기도 한다는 것이다. 500~1,000만 원 비용이 발생한다고 부수별로 다르다며 빠르게 출간해 준다고 한다. 초보 작가는 잘 모르니까 일단 책 내준다는 말에 혹하기도 한다. 여기에 넘어가지 말자. 자비출판을 할 생각이 아예 없으면 처음부터 거절하면 된다.

요즘은 출판시장이 좋지 않고, 너무 많은 사람들이 책을 내고 있다 보니 검열이 필요하다. 출판사에서도 잘 팔릴 책을 찾는 것이다. 조금 부족하거나 초보 작가의 경우 애매한데 괜찮을 것 같다는 판단이 서면 책 100~300권을 구입하는 조건으로 계약하자고 하기도 한다. 특히 에세이 시장이 그렇다. 검증된 작가가 아니면 리스크를 최대한 줄이고자 제작비를 작가에게 일부 부담을 지우는 것이다.

보통 출간하면 주변 지인이나 가족들에게 책을 선물한다. 북 콘서트, 서평이벤트, 각종 이벤트 등으로 활용도 한다. 책 주제 관련 강의를 하는 경우 수강생들에게 책을 선물로 주기도 한다. 이래저래 50~100권 정도는 필요하다. 저자는 책값의 70% 가격으로 구입이 가능하니 어차피 살 것이라면 100권까지는 이해 가능한 범주다. 그러나 그 이상으로 넘어가면 부담스러워진다.

투고 후, 2주가 지났는데도 책 구입 조건을 내건 출판사외에 별다른 연락이 없다면 결정이 필요하다. 당장 내 브랜딩을 위해 책 출간이 시급하다고 판단이 서면 구입 권수를 줄이거나 적정선을 찾아서 계약할 수 있다. 당장 계약이 시급하지 않고 투자하고 싶지 않다면, 원고를 재수정하고, 투고인사말, 제목, 목차를 수정해서 재투고를 할 수도 있다. 혹은 좀 더 탄탄하게 브랜딩해서 출판사에서 먼저 계약을 하자고 손 내밀 정도로 유명해진 다음 재투고할 수도 있다. 다만, 그때가 언제인지에 따라 이전에 쓴 원고를 버리거나 전면 수정해야 할 수도 있다.

내 첫 책 『20대, 발칙한 라이프! 쫄지 말고 당당하게』는 2주 동안 정말 아~무런 소식이 없었다. 검토 후 연락드린다는 메일과 자동메일, 자비출판사 연락은 받았지만 이후 연락이 없었다. 점점 초초해졌다. 이러다 계약이 안 되면 어쩌나하는 걱정에 빠져 있던 어느 날, 딱 2주째 되던 날이었다. 모르는 번호로 전화가 와서 받았더니 출판사라는 것이다. 어찌나 심장이 두근거리던지 그때의 흥분감을 감출 수 없었다. 그런데 내가 투고한 출판사가 아니라 다른 출판사였다. 서로 친해서 놀러갔다가 내 원고를 보고 괜찮다고 생각해서 연락했다는 것이다.

다 좋은데 제목은 요즘 정서에 맞지 않으니 바꾸자고 했다. 투고 당시 책 제목이 '나쁜 여자가 성공한다'였다. 당시 나쁜 여자가 유행해서 지은 이름이었는데 이제 한물갔다는 것이다. 아무래도 좋았다. 내 책만 내준다면야!

초보 작가니 7% 인세에 계약금은 없다고 했다. 계약금이라는 게 인세를 먼저 주는 것이다. 어차피 줘야 할 인세를 당겨서 주는 것이라고 보면 된다. 잘나가는 작가들은 100만 원, 200만 원 넘게 받고 계약을 하기도 하지만, 신인작가는 50만 원도 겨우 받기도 한다. 나는 첫 책인데다가 가족들에게 자랑하고 싶어서 "저 가족들한테 실컷 자랑도 해놨는데 계약했다고 한턱 쏘고 싶어요. 30만 원이라도 계약금으로 주시면 안 될까요?"라고 물었고, 출판사는 흔쾌히 OK했다. 그렇게 계약금 30만 원, 인세 7%, 3개월 이내 출간 조건으로 계약했다. 서로 멀어서 만나지는 못하고 우편물로 받아서 계약서를 작성했다. 매년 12월에 정산해주는 데다 1쇄에 그쳤기에 실제 인세로 많이 벌지는 못했다.

두 번째 책 『1인 창업이 답이다』는 투고한지 약 1주일 만에 계약했다. 여러 출판사에서 연락이 왔고, 조건을 확인했다. 계약금과 인세도 중요하지만 가장 중요한건 출간 시기였다. 무조건 빨리 내는 게 목표였기에 그것부터 확인했고 몇 군데 출판사의 조건을 듣고 고민하고 있었다.

그때 내가 평상시 좋아했던 책의 출판사에서 연락이 왔다. 너무 신이

났다. 바로 만날 약속을 잡았고 계약했다. 자신의 책을 어떻게 알았냐며 놀라워했던 대표님. 직접 만나 밥도 먹고 대표님의 철학도 들으면서 완전 감동했다. 제대로 홍보해주겠다고 했고, 역시나 약속을 지키신 대표님. 교보문고 광화문점 지하철 가는 길목에 가판대를 세워 홍보했다고 한다. 직장인들에게 딱이라고 생각했고 출퇴근길을 노렸던 것이다. 예상은 적중했고 6쇄까지 탄탄대로를 달렸다. 개정판도 찍었다. 개정판은 초판에 비해 인기는 덜했지만 내가 쓴 책 중에 가장 잘나간 책이다.

계약금 50만 원에 8% 인세. 분기별로 정산해주었다. 분기마다 메일에 자세한 판매상황을 알려주어 너무 좋았다. 인세보다는 이 책을 통해 연계된 각종 강연초청, 칼럼요청, 잡지사 요청 등의 부수입이 많았다. 가장 행복했던 때이기도 하다.

세 번째 책 『병원 매출 10배 올리는 절대 법칙』은 출산 후 3일 만에 계약했다. 너무 잘 써서 손볼 것도 없고 바로 출간하면 되겠다며 선인세 250만 원을 입금해주셨다. 여러 병원에서 단체로 구입해서 읽을 정도로 사랑을 받았고 병원 책은 잘 안 팔린다는 불문율을 깨고 2쇄를 찍었다. 요즘은 500부, 1,000부 정도 소량 인쇄를 하지만 당시 2,000부를 인쇄했었다. 역시나 인세보다는 책을 통한 병원 컨설팅 요청으로 월 1,000~2,000만 원 수익을 얻을 수 있었다.

출판사에서 연락이 오면 유의해야 할 점 몇 가지를 함께 살펴보자.

첫째, 쩔쩔매거나 을의 입장으로 대하지 말자.

당신은 파트너로 동등한 입장이다. 을이 아니다. 그러니 쩔쩔매지 말자. 물론 초보 작가 입장에서 출간해준다는 것만으로도 감사해서 쩔쩔매게 된다. 이해한다. 나도 그랬으니까. 내 책에 대한 자부심을 갖고 동등한 입장에서 물어볼 것 물어보고 요구할 것 요구하자. 이때 예의는 갖추어야 한다. 앞으로 함께하게 될 수도 있고, 지금은 아니지만 나중에 함께할 수도 있기에 좋은 관계를 유지하자.

둘째, 연락이 오면 바로 결정하지 마라.

내 원고에 관심 있다고 하면 바로 당장 결정해야 할 것 같은 느낌이 든다. 바로 결정하지 말고 일단 질문을 하자.

질문할 것 : 계약금, 인세, 출간 일정, 저자증정부수, 초판 부수, 원고 수정범위

계약금과 인세는 거의 비슷하다. 만약 계약금이 없다고 하면 앞의 내 방법을 써보자. 가족에게 자랑도 하고 싶고 식사대접도 하고 싶다고 하면 적은 금액이라도 챙겨준다. 중요한 건 출간일정이다. 대형 출판사의 경우 잘 나가는 책 출판에 밀려 6개월~1년 이상 걸리기도 한다. 3개월

이내 출간 가능한지 여부를 꼭 확인하자. "인세는 상관없습니다. 제가 초보저자라 무조건 책이 빨리 나오는 곳이었으면 합니다."라고 말하면 보통 빨리 출간해준다.

원고 수정 범위 확인도 중요하다. 편집부에서 알아서 수정하는 곳이 있고, 하나하나 작가에게 확인하고 수정해달라고 요청하기도 한다. 내용에 따라서 작가가 수정해야 하는 경우도 있다. 내가 쓴 책들은 전부 출판사에서 알아서 해줬고, 중간 편집본을 보내주면 확인만 했다. 브랜딩책쓰기 0기 작가님 중 한 분은 수정을 많이 해야 했다. 출판사에서 하나하나 첨삭, 피드백을 해줬고, 추가 원고도 작성해야 했다. 원고를 다 쓰고 계약하고 나서 또 쓰는 건 사실상 고역이다. 수정하느라 출간시기도 늦어졌다. 덕분에 책의 완성도는 높았지만 시간과 노력이 많이 들어갔다. 이런 부분들도 미리 확인하자.

확인했으면 바로 결정하지 말고 현재 업무 중이니 다시 연락드리겠다고 하고 마무리하자. 정말 마음에 들면 바로 계약을 결정해도 되지만 초보는 아직 판단이 어렵기 때문에 정리할 시간이 필요하다.

셋째, 해당 출판사에서 출간한 다른 책을 빠르게 살펴보라.

연락 온 출판사에서 출간한 다른 책들을 살펴보자. 퀄리티는 어떤지 마케팅은 잘해주는지 확인해야 한다. 특히 제목 뽑는 것이나 표지 디자인 등 퀄리티도 꼼꼼하게 살펴봐야 한다. 내 책도 비슷한 디자인으로 나올 수 있으니 정말 중요한 부분이다. 편집자와 디자인의 능력에 따라 같은 원고라도 책이 다르게 뽑힌다. 당연히 디자인에 따라서 책 판매도 영향을 받는다.

넷째, 홍보와 마케팅 능력을 확인한다.

『1인 창업이 답이다』를 출간한 출판사는 1인 출판사였다. 작은 출판사였지만 그렇기에 내 책에 초집중해주셨다. 서점을 뛰어다니면서 적극적으로 홍보를 하고, 직장인들이 자주 다니는 길목에 가판을 세워 직접 홍보하기도 했다.

대형 출판사가 일반적으로 홍보와 마케팅을 잘하지만 유명 저자의 책에 집중하는 경향이 있어 내 책은 상대적으로 뒤로 밀려날 수 있다. 내 책을 잘 홍보해줄 수 있는 출판사를 선택하는 것이 좋다. 어떻게 홍보해주시는지 질문해서 확인하면 된다. 출간한 다른 책들 홍보는 어떻게 진행했는지도 검색을 통해 확인할 수 있다.

물론, 나도 함께 홍보해야 한다. 저자의 스토리텔링의 힘은 출판사의 마케팅보다 더 큰 힘을 가진다.

다섯째, 내 의견을 잘 반영해주는 곳을 선택하라.

책을 써서 원고를 보내고 계약만 하면 끝일까? 아니다. 이제부터 시작이다. 책이 잘 팔려야 한다. 그러려면 원활한 의사소통이 이루어져야 한다. 책에 사진을 넣거나 블로그나 SNS에 올려둔 첨부파일을 확인 할 수 있도록 링크를 넣거나 하는 등 편집 중에 수정 작업해야 할 것들이 생긴다. TIP 박스를 만들었으면 좋겠다거나 소제목마다 명언 한 줄 들어갔으면 좋겠다거나 책에 꼭 들어갔으면 하는 내용이 있다면 언제든지 제안할 수 있다.

나는 계약 전 처음부터 내 사진을 넣고 싶고, 중간에 사업자명을 바꿀 예정이라 최종 편집 때 회사이름을 수정해서 바꾸고 싶다고 했다. 커뮤니케이션이 잘되는 출판사가 내 책을 더 잘 만들어줄 확률도 높다.

출간계약 후 출간까지 여러 번 출판사에서 편집 후 확인 요청을 한다. 인쇄 직전에는 PDF 형태의 최종 작업물을 보내준다. 잘 읽히는지, 틀린 구절은 없는지, 오탈자까지 꼼꼼하게 마지막으로 보고 최종 인쇄에 들어간다. 표지도 2~3장 정도 후보 중에서 선택한다.

이제 모든 준비는 끝났다. 출간이다.

2부

10주 만에 끝내는 책 쓰기 한눈에 보기

　가장 먼저 '무엇을 쓸 것인가?'를 고민해야 한다. 쓸거리는 많다. '나를 브랜딩하는 주제'는 따로 있다. 그걸 찾아야 한다. 그래야 책이 나를 브랜딩하는 무기가 될 수 있다.

　세상에 무조건 먹히는 3가지 시장이 있다. 바로 부, 건강, 관계이다. 이 중 오직 나만이 할 수 있는 특별함을 찾아 틈새시장을 만들어야 한다. 수많은 경쟁자들 속에서 "왜, 내게서 사야 하는가?"에 답할 수 있는 것을 찾아야 한다. 그게 나를 브랜딩하는 아이덴티티(정체성)이자 책 쓸 주제가 된다.

주제를 정했으면 콘셉트와 방향성을 정하고, 그에 맞춰 매력적인 제목과 목차를 만들어야 한다. 가장 중요한 부분이자 핵심이다. 책 쓰는 시간보다 오히려 더 많은 시간을 투자하고 집중해야 한다.

목차까지 만들어지면 그 이후는 쉽다. 그저 목차순서대로 글을 쓰면 된다. 처음부터 잘 쓰려고 하지 말자. 쓰레기 같은 글을 쓰겠다고 생각하고 쓰자. 단, 꼭지 제목에서 벗어나지 않게, 책의 큰 콘셉트와 방향성에서 벗어나지 않게만 쓰면 된다. 띄어쓰기, 중복문장, 문맥 흐름, 어법에 맞지 않은 글 등 신경 쓰지 말자. 일단 매일 한 꼭지 쓰는 게 목표다.

다 썼으면 약 2주 동안 초집중해서 퇴고하자. 퇴고는 전체 목차의 흐름과 함께 봐야 하기 때문에 자투리 시간이 아닌, 통으로 3~4시간을 확보해야 한다. 평일에 시간 내기 힘들면 주말에 오롯이 퇴고에 집중하자. 그래야 앞에 나온 사례가 또 나오지는 않는지, 2번 꼭지 사례가 10번 꼭지에 들어가는 게 좋을지를 알 수 있다.

첫 번째 퇴고는 전체 내용을 다 뜯어고치고, 두 번째 퇴고는 문맥의 흐름을 보고, 세 번째 퇴고 때 맞춤법, 띄어쓰기 등 교정교열을 보자. 처음 퇴고 때부터 맞춤법을 고치면 여러 번 수정해야 하는 불상사가 발생할 수 있다.

퇴고 후에는 출판사 투고다. 출판사의 클릭을 받으려면 결국 제목이 전부다. 매력적인 출간기획서 작성으로 출판사의 마음을 훔쳐라. 출판사와의 관계는 갑과 을의 관계가 아니다. 함께 나아가는 파트너다. 출판사와 자주 소통하며 마케팅에도 힘쓰자.

책을 썼다고 전부가 아니다. 책은 나를 브랜딩 해주는 강력한 무기지만 안 팔리면 무용지물이다. 마케팅에 집중하자. 콘텐츠가 탄탄하면 결국 잘 팔릴 수밖에 없다.

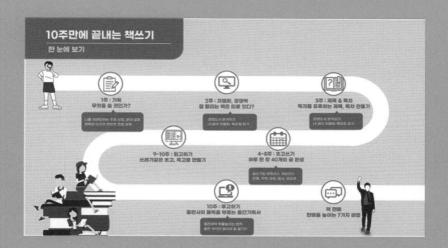

3부

내 책
잘 팔리는
7가지 비법

책만 나오면 다 된다는 위험한 착각!
'나' 브랜드를 만들어라

    책만 나오면 다 된다고? 출판사와 계약만 하면 이제 큰 산은 넘겼다며 안심한다. 지금까지 글 쓰느라 고생한 자신에게 선물을 주고 탱자탱자 논다. 책 나올 때까지 기다리며.

    자! 그렇게 해서 책이 나오면 알아서 독자들이 좋은 책이라는 것을 알아봐주고 사줄까? 그렇지 않다. 사람들은 이 책을 쓴 '나'를 궁금해한다. 검색도 해본다. 그런데 아무리 검색해도 나오지 않는다면? '뭐야, 별 볼일 없는 작가네.'라고 생각하고 넘겨버린다. 물론, 제목과 목차가 훌륭하다면 선택될 수도 있다. 그런데 책 판매 목적으로 책을 썼는가? 아니다.

우린 나를 전문가로 만들어주는 무기로서 책을 썼다. 당연히 책을 활용한 '나' 브랜드를 만들어야 한다.

내 첫 책은 2014년에 나왔다. 책만 나오면 다 되는 줄 알았다. 그런데 아니었다. 작가도 홍보해야만 했다. 블로그에 독서 리뷰만 올리다가 책 출간소식도 올렸다. 당시 치과종사자 대상 강의를 하고 있었기에 수강생들에게도 책 출간소식을 알리고 모교에도 책을 보냈다. 모교 강연을 하고 싶은 마음에 보낸 것인데 아쉽게도 모교 강연은 이루어지지 않았다. 전혀 모르는 학교에서 강연 요청이 와서 부산까지 갔다. 강의료는 10만 원. 차비도 나오지 않았지만 경험이라 생각하고 흔쾌히 수락했다. 수많은 대학생 앞에서 강연을 하고 후기를 남기고. 그렇게 대학교만 4군데 정도 강연을 했다. 대학 강연은 "나 대학교에서도 강연했어."라는 경험과 후기를 남기기 위한 목적뿐 사실 거의 수익이 나지 않는다.

수익이 목적이라기보다 첫 책은 '나도 책 한 권 썼다.'에 의의를 두었다. 20대를 위한 책이다 보니 치위생학과를 통해 나를 알리는 것만으로도 목표는 다 이루었다고 생각했다.

『병원 매출 10배 올리는 절대법칙』은 내가 하고 있는 일과도 맞아떨어졌고 나를 브랜딩하는 데 큰 도움이 되었다. 그전에는 1년 365일 내내 발품팔고 무료 병원 분석 및 제안만 하러 다녔고 월 100만 원도 겨우 벌었다. 그마저도 교통비, 밥값으로 다 썼으니 오히려 버는 것보다 더 썼다.

책이 출간되고 나서 블로그에 병원경영관련 글을 계속 업로드했고, 꽤 괜찮은 '병원 컨설턴트'로 자리매김할 수 있었다.

내 책을 읽고 전화문의가 오면 거의 컨설팅이 성사되었다. 이전에는 무료로 미팅을 가고 4~5시간 분석해서 결과 브리핑 하면 "좀 싸게 해주세요."라고 하거나 "잘 들었습니다. 감사합니다. 필요하면 연락드릴게요."라고 얘기하곤 소식이 없었다. 책 출간 이후에는 미팅 비용 30만 원도 흔쾌히 내고, 분석결과 브리핑과 동시에 가격조정 없이 계약이 이루어졌다. 이미 책을 통해 신뢰가 형성되었기에 이것저것 재지 않고 바로 본론으로 들어가는 것이다.

이것이 '책의 힘'이다. 책은 나를 전문가로 만들어주고, 별다른 근거를 내세우고 설득하지 않아도 이미 생긴 신뢰로 쉽게 성사된다. 단순히 책만 썼기 때문은 아니다. 책이 나오기 전부터 블로그에 병원경영 관련 글과 함께 실질적인 노하우를 풀었고, 지속적인 강의와 컨설팅 활동을 통해 탄탄하게 바닥을 다져놓았기 때문에 가능했다. 책은 쌓아놓은 재료에 던져지는 불씨와 같다. 책 한권으로 빠르게 그동안 만들어온 콘텐츠들이 연결되면서 시너지효과를 나타내는 것이다.

나는 브랜딩 책 쓰기 과정에서 책 주제를 잡을 때 작가의 정체성부터 먼저 잡는다. 이 책을 쓰려고 하는 목적, 책을 통해 얻고자 하는 것, 궁극적으로 무엇을 하고 싶은지를 파악하고 앞으로 어떻게 나아갈지 목적과 방향성을 잡는다. 그에 맞춰 콘셉트와 주제를 잡고 책과 함께 SNS 기획도 함께한다. 책을 쓰면서 함께 콘텐츠를 만드는 것이다. 그래야 책이 나왔을 때 쌓아온 콘텐츠가 빵 터지면서 확장될 수 있다.

단순히 책만 나왔다고 해서 알아서 독자들이 책을 사서보고, 나를 알아보고, 수익화가 이루어지지 않는다. 책은 나를 모르는 사람들, SNS를 하지 않는 사람들에게도 나를 알릴 수 있는 최고의 수단이다.

만약 책을 통해 '꽤 괜찮은 사람'이라고 생각하고 다른 것들도 더 찾아보고 싶고, 실질적으로 배움을 요청하고 싶어서 검색을 했는데 별다른 검색이 되지 않는다면 어떨까? 그냥 잊히게 될 것이다. 세상에 책은 무수히 많다. 내가 쓴 책과 비슷한 것도 정말 많다. 그 수많은 더미 속에서 내 것을 기억시키기 위해서는 나를 브랜딩해야 한다. 내 정체성을 찾고 내 방향성에 맞는 콘텐츠를 지속적으로 발행하면서 '나'라는 사람을 알려야 한다. 그래야 책을 읽고 찾아왔을 때 '빵' 터지게 된다.

『찐 팀장은 이렇게 일합니다』의 저자 김용원 작가는 팀장 리더십 성향별 조직관리, 교육을 주제로 인스타와 블로그, 카페를 운영하고 있다. 회사에서도 적극적으로 지원해주어서 홍보영상까지 촬영했다. 이로 인해 2차적인 수익 파이프라인을 형성해서 승승장구하고 있다.

『아이를 키우면서 엄마도 키웁니다』의 저자 엄마키움 대표이자 치과금쪽상담소를 운영하는 강원주 작가는 인스타와 블로그에 치과경영 노하우와 상담 내용, 치아보험 혜택받는 법, 강의 비법 등을 공유하고 있다. 치아보험은 환자들이 제대로 보장받을 수 있게 도와주려고 설계사 자격증까지 따면서 공부했던 것뿐인데 노하우를 공유하면서 실제 가입까지 이어지고 있다. 책에도 그 내용을 일부 수록했는데 독자들의 강연 요청으로 강연 후 컨설팅으로 이어질 수 있었다.

브랜딩은 갑자기 일어나는 것이 아니다. 그 자리에서 꾸준히, 한곳을 향해 끊임없이 나아갈 때 일어난다. 1인 브랜딩 시대. '나'라는 상품을 잘 팔기 위해서는 나를 드러내고 지속적으로 만들어나가는 꾸준함이 필요하다.

비법1

이런 게 가능해?
각종 이벤트로 사람을 모아라

책이 출간되기 전부터 SNS에 글을 쓰고 콘텐츠를 만들어 나를 알리기 시작하는 것 외에 출간되고 나서 여러 이벤트로 홍보할 수 있다.

1. 출간 전부터 SNS에 출간 책 홍보하기.

"저 곧 이러이러한 주제의 책 나와요." 하고 알리자. 출판사와의 계약서를 올리고, 편집 진행상황을 업로드 한다. 표지가 나오면 "제 책이 곧 출간됩니다. 표지 선택이 너무 어렵네요. 어떤 표지가 마음에 드시나요?" 하면서 표지 선택을 댓글로 남겨달라고 한다. 이때 참여한 사람들

중 10분 정도를 추첨해서 책 출간 시 책을 보내준다고 하는 것이다. 그러면 참여도를 높일 수 있다.

2. 추천사를 요청해보자.

대학교 교수님이나 내가 쓰는 책의 주제와 관련 있거나 명망 있는 사람들에게 요청할 수 있다. 아는 사람이면 더욱 좋고, 그렇지 않다고 해도 연락할 방법은 많다. 이때 원고를 전부 보내면 다 읽기 힘들다. 간단하게 기획 의도나 타깃독자, 내용을 요약해서 3~5줄 정도 정리하고 원고의 제목, 목차, 프롤로그, 에필로그, 내용의 핵심 10장~20장 정도만 발췌해서 보낸다.

추천사 분량도 정해주어야 하는데 3~5줄 정도로 부탁하고 기한까지 꼭 얘기하자. 기한을 말하지 않으면 급하지 않다고 생각해서 한없이 미룰 수 있다. 책 출간 후 추천사를 써주신 분들을 한분, 한분 찾아뵙고 직접 책을 드리고 사진도 찍자. SNS에 인증샷을 올리면 '와 이런 대단한 사람이 인증해주는 책이라면 믿을 만하겠다.'라는 인식을 줄 수 있어 알아서 홍보가 된다.

3. '틀린 글자 찾기' 이벤트를 하라.

분명 여러 번 퇴고를 하고, 출판사에서도 편집하면서 맞춤법, 오탈자를 점검했고, 인쇄 직전 PDF파일을 보내서 한 번 더 체크했다. 완벽하다고 생각했다. 내 눈에는 더 이상 보이지 않았다. 출판사에서도 여러 번 확인했으니 괜찮을 거라 생각했다.

『1인 창업이 답이다』책이 나오고 정말 많은 사랑을 받았다. 독자들에게 메일도 많이 받았다. 감사하다는 인사부터 본인의 고민상담과 특허를 내려고 하는데 괜찮은지 봐달라는 내용까지 다양했다. 그중 오탈자를 수정해서 보내주신 분이 계신다. 몇 쪽, 몇 째줄 글인지까지 정말 디테일하게 하나하나 다 적어서 보내주셨다. 너무 감사했다. 바로 출판사에 말씀드렸고 2쇄를 찍을 때 수정할 수 있었다. 그런데 2쇄에서도 또 나왔다. 그분이 출동해서 몇 개를 보내주셨다. 그 또한 출판사에 보냈고, 3쇄에서 수정해서 나왔다. 그렇게 6쇄까지 찍고, 개정판까지 나왔다.

그때 생각했던 게 바로 '틀린 글자 찾기' 이벤트다. 멋진 독자 덕분에 바로 수정할 수 있었지만 이걸 활용해도 좋을 것 같다. 틀린 그림 찾기처럼 전, 후 비교해서 페이지수와 줄 수를 체크하는 것이다. 참여해주신 분들 중 추첨해서 커피 쿠폰을 보내거나 내가 쓴 책이나 전자책, PDF 파일 등을 선물로 드리자.

가장 많이 찾은 사람은 내 책 주제 관련 30분 일대일 무료 컨설팅을 해준다거나 모집하고 있는 교육과정 할인 쿠폰을 준다거나 무료 참여권을 주는 것도 좋다.

이벤트를 통해 독자들의 직접 참여도를 높이고, 책을 통한 '나 브랜딩'에도 도움이 될 수 있는 선물을 찾아보자.

4. '목소리 연기 챌린지' 이벤트

네이버에서 운영하는 오디오클립(https://audioclip.naver.com/)을 활용해보자. 오디오클립안에는 오디오북을 등록할 수도 있지만, 내 책 홍보 수단으로 활용할 수도 있다.

내 책의 일부를 3분 이내 목소리 연기하면서 낭독하는 음성 녹음본을 보내주면 오디오클립에 업로드해서 들을 수 있게 한다. 투표를 통해 등수별로 상품을 주면 참여도를 높일 수 있다.

책 리뷰를 음성으로 받아서 업로드할 수도 있다. 짧게 1분 리뷰를 녹음해서 보내달라고 한 후 오디오클립에 업로드 해보자.

선물로 1등은 1:1 오프라인 컨설팅, 2등은 온라인 30분 컨설팅, 3등은 10명에게 저자사인본과 함께 강연 참여권, 4등은 20명에게 커피 쿠폰을 준다고 해보자. 내가 줄 수 있는 것 중 가장 가치 있는 것을 줄 때 참여도는 늘어난다.

녹음본은 인스타나 유튜브에 리뷰로 활용할 수 있고, 오디오클립을 사용하는 사람들에게 자동적으로 홍보가 된다.

5. 퀴즈 이벤트

책 속 내용을 퀴즈로 낸다. 인스타에 '책 읽으면 누구나 맞출 수 있는 퀴즈'를 주제로 쉽게 내고, 댓글로 참여를 유도한다. 추첨을 통해서 저자 사인본을 보내주거나 책 주제 관련 교육이나 강연 초대장, 노하우나 스킬을 정리한 PDF 소책자를 준다고 하면 많이 참여한다. 혹은 커피 쿠폰이나 아이스크림 쿠폰을 걸어도 좋다. 친구 초대를 많이 하고, 스토리로 공유한 사람은 당첨확률이 높다고 언급하면 더욱 효과적이다.

6. 인증샷 이벤트

서평이벤트와 함께 해보자. 서평이벤트를 모집 후 책을 보내고 보통 2주안에 서평을 써달라고 한다. 이때 책을 받으면 바로 사진을 찍어서 인스타나 블로그에 인증샷을 찍어 올려달라고 하자. 인증샷부터가 서평이벤트의 시작인 셈이다.

혹은 지인, 가족, 단체에 책을 선물로 보내고 인증샷을 요청하자. 무료로 책을 받았기 때문에 그 정도는 흔쾌히 해준다. 인증샷을 올릴 때 내 아이디를 태그하고, 꼭 들어갈 태그도 알려주면 좋다. 책 이름과 함께 키워드 하나정도 함께 써달라고 구체적으로 요청하자. 생각보다 쉽게 해준다.

7. 10초 이내의 짧은 영상 이벤트

지인들에게 책을 보내면서 짧게 10초 정도 응원 영상을 찍어달라고 요청하자. 문구도 정해주면 좋다. "책 한 권으로 나를 브랜딩하는 하루 한 장, 10주 완성 책 쓰기! 응원합니다.", "머끄대장썬에게 머리끄덩이 잡혀서 브랜딩 책 쓰기. 파이팅!" 등 2~3개 문구를 정해서 찍어달라고 하자.

모두 모아서 편집하면 정말 멋진 영상이 완성된다. 영상은 SNS에 홍보 영상으로 활용할 수 있다.

8. 서평이벤트

출판사 자체적으로 서평이벤트를 진행하는 곳이 많은데 만약 하지 않는다면 직접 하면 된다. 출판사에 개인적으로 하려고 하는데 혹시 책 지원이 가능한지 여부를 물어보자. 지원해주면 서평단을 모집해서 책을 전달하면 되고, 지원해주지 않으면 저자할인가로 구입하면 된다. 보통 저자 할인가는 정가의 70%다.

모집을 할 때 기한은 3~5일 정도로 타이트하게 잡는 게 좋다. 그래야 바로 신청을 한다. 날짜가 길면 자꾸만 미루게 된다. 인원은 보통 10명 정도로 한다. 너무 많아도, 너무 적어도 효과가 없다. 서평 작성 기한은 택배를 받은 날로부터 2주 정도로 시간을 준다. 책을 읽을 시간 1주, 서평을 작성할 시간 1주를 주는 것이다. 너무 길게 준다고 해서 잘 쓰는 건 아니니 최대 2주까지로 잡는다. 이때 블로그나, 인스타, 유튜브 어느 곳이든 상관없고, 반드시 들어가 줘야 할 문구나 단어, 태그가 있다면 미리 알려준다.

모집 루트는 책 내용에 따라 관심 있는 카페에 홍보해도 좋다. 엄마들을 위한 책이나 육아관련 책의 경우 맘카페를 활용하는 것도 좋다. 이때 바로 업로드하지 말고 카페장에게 먼저 연락해서 서평이벤트를 하려고 한다고 말한다. 맘카페마다 각자 홍보에 대한 규칙이 있으니 이를 준수해야 한다.

금액적으로 부담이 많거나 요구사항이 너무 많으면 차라리 빼고 인스타나 블로그를 통해 개인적으로 홍보하는 것도 좋다. 다만 맘카페나 다른 카페 홍보 게시판을 활용할 수 있다면 효과는 훨씬 좋다.

미리 SNS상에 유명한 사람들과 친분을 쌓고 있다면 서평이벤트 홍보를 부탁해도 좋다. 참여자가 많으면 많을수록 그중에서 인플루언서들을 선택할 수 있으니 좋다. 최대한 많은 분들의 참여를 이끌어내자.

이벤트는 찾아보면 정말 많다. 여러 가지 아이디어를 생각해서 어떻게 하면 내 책을 알릴 수 있을지, 독자들의 참여도를 높일 수 있을지 고민해보자. 책도 잘 팔고, 나를 브랜딩해서 알릴 수 있는 절호의 기회가 될 것이다.

비법2

도서관 희망도서
신청하기

자신이 거주하는 지역의 도서관에 희망도서를 신청할 수 있다는 사실, 알고 있는가? 도서관뿐만 아니라 초등학교 내 도서관에도 신청가능하다. 물론 초등학교 내 도서관은 초등학생들이 읽기에 좋은 책으로 선정해야 한다.

무조건 사지 말고, 내가 읽고 싶은데 도서관에 없다면 신청할 수 있다. 신청한다고 모두 다 선정되는 것은 아니고, 선정 제외 기준도 있다. 이는 도서관별로 다르긴 하지만 기본적인 룰이 있다.

1. 이미 소장하고 있거나 정리했거나 구입 중인 도서

2. 출판한 지 5년 이상된 자료 (컴퓨터, 과학 분야 등은 2년)

3. 5만 원 이상인 고가 도서

4. 각종 수험서, 자격서, 문제집, 심화단계의 전공서적 등

5. 전문종교자료, 논문, 정기간행물, 잡지, 시리즈물이나 전집류

6. 만화(학습만화 포함), 판타지, 무협지, 로맨스, 게임가이드북, 성인 책 등

7. 스프링 도서, 50페이지 미만 소책자, 쓰기 읽기 책, 퍼즐북, 팝업북, 스티커북, 워크북 등

상식선에서 생각했을 때 '이런 건 안 되겠다.' 싶은 것 빼고는 거의 대부분 된다고 보면 된다. 가끔 어떤 도서관에서는 '영리를 목적으로 신청하는 경우'도 선정 제외 기준에 적어놓는 경우도 있다. 신청자 본인이 책의 저자라든가 말이다. 이런 경우 다른 사람 이름으로 신청하자.

신청하면 평균 2주~한 달 정도 소요된다. 월 신청하는 책 권수가 정해져 있으니 잘 알아보고 신청하자. 도착하면 문자로 알림을 주고 바로 새 책을 받아볼 수 있다. 인기 많은 책은 이런 식으로 신청해서 읽으면 대출이 안 되서 발 동동 구르는 일은 없을 것이다.

자! 그럼 이 도서관 희망도서 신청하는 것을 어떻게 이벤트로 활용할 수 있을까? 주변 지인들에게 부탁 할 수도 있지만 지역별로 신청할 수 있

기에 독자이벤트로 해도 좋다. 도서관 희망도서 신청한 화면을 캡처해서 운영 중인 단톡방에 올리거나 인스타에 올려 나를 태그하라고 해서 확인한다. 이 이벤트와 함께 앞의 다른 이벤트를 함께 진행해서 진행 개수에 따라 선물을 정할 수 있다. 예를 들어 3가지 이상 시행 시 스마트스토어 할인쿠폰 5만 원, 한 가지 이상 시행 시 커피 쿠폰을 준다고 하면서 차등을 주는 것이다.

여기서 스마트스토어 할인 쿠폰은 내가 현재 운영하고 있는 스마트스토어를 말한다. 별도의 홈페이지가 있다면 홈페이지에서 활용 가능한 쿠폰을 주거나 강의 할인 쿠폰을 줄 수도 있다. 내가 갖고 있는 것이 많으면 거기서 무언가를 준다면 유료 강의나 컨설팅으로 이어질 수도 있기에 훨씬 좋다.

단, 그러려면 책을 쓰면서, 혹은 책이 나오기 전 미리 소책자를 써놓거나, 무료강의나 유료강의를 기획하고 많이 만들어 놓아야 한다. 책을 쓴다고 해서 잘 팔라지 않는다. 무엇보다 책판매가 목적이 아닌 이상, 책을 통해 내가 전문가로 브랜딩되어 내가 판매하는 것들이 잘 팔리게 하기 위해서는 미리 미리 준비해야 한다.

도서관 희망도서 이벤트는 책 구입을 해서 무언가를 하지 않고, 그저 동네 도서관에 신청만 하면 되는 거라 참여도가 높으니 꼭 해보자.

비법3

북콘서트 같은 저자강연회를 열어라

책이 나오면 저자강연회를 열 수 있다. 내 책 주제에 관심이 있는 사람들을 모아 강연을 하는 것이다.

이때, 온라인으로 할 것인가 오프라인으로 할 것인가, 유료로 할 것인가 무료로 할 것인가에 따라 준비해야 할 것과 진행방향이 달라진다. 하나씩 살펴보자.

[첫째, 온라인으로 진행할 경우]

1. 레버리지 하기

온라인으로 진행시 가장 먼저 유의해야 할 것은 사람이 많은 곳에 홍보를 해야 효과적이라는 것이다. 내가 운영하고 있는 SNS 팔로우가 많다면 모집 글만 올려도 어느 정도 모이겠지만, 그렇지 않은 경우 여러 루트를 뚫어야 한다.

혼자서 모든 것을 다하려고 하지 말자. 이럴 때 레버리지가 필요하다. 요즘 무료 강의가 넘쳐난다. 무료 강의와 무료 소책자를 미끼로 오픈톡방에 모아서 여러 무료 강의를 열면서 지속적인 관계를 맺는 곳도 정말 많다. 아마도 한두 개정도는 그렇게 받아서 참여하고 있는 단톡방이 있을 것이다. 없다면 찾아보자. 크게 힘들이지 않고도 쉽게 찾을 수 있을 것이다. 혹은 오픈채팅방 '머끄브랜딩 스쿨'을 검색해서 들어오면 된다. 내가 운영하는 단톡방으로 브랜딩을 하고 싶은 사람, 책을 쓰고 글 잘 쓰고 싶은 사람들의 모임공간이다.

이런 모임 공간을 운영하는 사람에게 온라인 저자특강을 하려고 한다고 요청해보자. 홍보가 가능한 곳이 있으면 홍보만 해도 되지만, 운영자의 힘을 등에 업으면 더 많은 사람들을 모을 수 있다. 물론 공짜는 아니다. 무료 강의 후 유료강의 전환 시 수수료를 준다거나 협업 방안은 운영자마다 다를 것이다. 논의 후 괜찮으면 진행하면 된다.

2. 온라인 강의 플랫폼 선정하기

Zoom이나 구글미트 등 여러 플랫폼 중 내게 맞는 것을 선택하자.

Zoom은 40분까지만 무료고 이후에는 유료 결제를 해야 한다. 강의를 딱 40분만 할 게 아니라면 한 달만 구입하거나 1년으로 구입할 수 있다. 구글미트는 아직 시간제한 없이 무료지만 유료로 바뀔 예정이라고 하니 확인해보자. 나는 구글미트보다 ZOOM이 화면 공유할 때 사람들의 얼굴도 잘 보이고 화질도 좋아서 더 선호한다.

3. 유료로 할 것인가 무료로 할 것인가 정하기

저자강연회의 목적은 책을 판매하고 나를 브랜딩하기 위함이다. 당연히 책 판매량이 많으면 많을수록 좋다. 책을 구입한 인증샷을 SNS에 올리거나 3만 원 참여비를 내는 것 중 선택할 수 있도록 하자. 어떤 것을 선택하든 좋다. 내 책을 구입했든, 참여비를 냈든, 비용을 냈기 때문에 무료보다 훨씬 참여율이 좋다. 그만큼 내 강연에 관심이 있다는 반증이기 때문이다.

이때 책값의 5배 이상은 줄 수 있는 콘텐츠로 구상해야 한다. 책 속에 있는 내용을 읊는 것으로 그친다면 독자들은 전혀 매력을 느끼지 못한다. 책 속 내용 플러스 실질적인 방법을 풀어주자.

무료로 할 경우 인스타에 올린 무료강연 내용을 스토리로 공유한 후, 댓글에 '신청합니다.'라고 남겨달라고 하자. 블로그의 경우 블로그 글을 공유하고 비공개 댓글로 공유한 글 링크와 함께 응원 글을 써달라고 하자. 댓글이 많을수록 다른 사람들의 관심도를 높일 수 있다. 공유함으로서 여러 사람에게 공유될 수 있으니 저절로 홍보도 된다. 책이 없거나 평상시 내게 관심 있던 사람들, 혹은 나에 대해 몰랐지만 공유 글을 보고 부담 없이 참여할 수 있다.

다만 무료라서 쉽게 신청했다가 불참하는 경우도 많기 때문에 실제 예상 모집 인원보다 좀 더 많이 모으자. 많으면 많을수록 좋다.

4. 강의의 목표를 정하고 연결되는 유료강의 만들기

저자강연을 하는 이유를 명확히 설정하자. 그저 '책 냈으니까 내 책 한 번 홍보해볼까?'라는 생각으로 접근하는 것도 좋지만 우리의 목표는 '브랜딩'이다. 이 브랜딩으로 수익화해야 한다. 그저 책 한 권 내려고 책 쓰지는 않았을 것이다. 이로 인해 수익화까지 성공해야 진정 브랜딩이 되었다고 볼 수 있다.

내가 쓴 책과, 저자강연 내용과 연결되는 유료 강의를 만들자. 5만 원 이하의 짧은 특강, 10~20만 원 정도의 2~3주 과정, 몇십 만 원 이상 하는 고가의 과정, 고가의 컨설팅으로 설정해서 저자강연을 듣고 좀 더 깊이 있는 배움을 얻고 싶은 분들을 위해 이런 방법이 있다고 소개해주는 것이다. 컨설팅은 고가이지만 저자강연을 들은 분들에게 한시적으로 (꼭 기한 명시) 1만 원에 한다거나 3만 원에 한다거나 파격적인 금액을 제시하는 것도 좋다. 실제 일대일 컨설팅을 통해 라포가 형성되면 쉽게 고가의 강의를 결제하게 된다.

꼭 무언가를 판매하기 위한 목적보다는 스스로 하기 힘들거나 제대로 배우고 싶은 분들에게 방법을 안내하고 도와주는 개념으로 접근하자.

5. 후기 받기

저자강연을 성공적으로 마치면 꼭 후기를 받자. 후기 선물로 유료강의 할인 티켓이나 저자 사인본 증정, 강의 PDF파일등을 준비하면 좀 더 많은 후기를 받을 수 있다. 후기를 많이 쌓아두어야 추후 유료강의를 모을 때 근거자료로 활용할 수 있다.

[두 번째, 오프라인으로 진행할 경우]

1. 장소 섭외하기

사람들이 쉽고 편안하게 모일 수 있는 교통의 요지가 좋다. 나는 주로 강남역이나 삼성역 근처의 모임공간을 활용했다. 미리 예약을 해야 하기 때문에 예상 인원을 잡고 예약하되 인원이 미달하거나 많아지면 변경이 가능한지 체크해두자. 인기 많은 곳이면 변경이 어려울 수도 있으니 모집 중반쯤 보고 예약해도 좋다.

2. 비용 산정하기

오프라인은 장소섭외비가 발생하기 때문에 소정의 참여비를 받아야 한다. 책 구입 후 SNS 인증을 하면 참여비 2만 원, 사정으로 인해 책을 구입하지 못했다면 참여비 5만 원으로 책정하면 책 구입을 더 많이 할 것이다. SNS에 인증함으로서 자동으로 홍보도 되니 전략적으로 활용하자.

3. 각종 이벤트 준비하기

오프라인은 온라인보다 훨씬 생생하고 현장감이 있어 더욱 효과적이다. 이를 더 극대화하기 위해 이벤트를 준비해보자. 오프라인 모임은 일찍 오는 사람이 있고 지각하는 사람들이 있다. 지각하면 아무래도 강의 중에 분위기를 깰 수 있으니 일찍 올 수 있도록 이벤트를 준비해보는 것이다.

예를 들어 일찍 오는 사람은 선착순으로 10~20분 일대일 미팅을 하니 질문 한 가지씩 준비해오라고 해보자. 너무 길어지면 뒷사람은 참여하기 힘드니 1시간 전부터 3~5명 정도 미팅할 수 있도록 시간을 분배한다.

4. 간식 및 마실 것 준비하기

모임 공간에서 커피나 음료가 준비된 곳이 있다. 컵 하나를 주며 무엇이든 마음껏 마실 수 있는 곳이 있고, 커피 한 잔이 무료인 곳도 있다. 간단한 과자가 준비되어 있는 곳도 있지만 종류가 많지는 않다. 강의가 장시간 이어지면 당이 떨어져 집중력이 떨어지니 간단한 간식을 준비하자. 봉지 과자보다는 따로 포장되어 있는 박스 과자로 준비하는 게 좋고, 사탕이나 캐러멜도 함께 준비하면 중간 중간 먹으면서 들을 수 있다.

작은 지퍼백에 여러 종류의 과자를 담고, 앞에 자체제작 스티커를 붙여서 나눠주는 것도 좋다. 강의명을 넣거나, 저자 닉네임과 캐릭터를 넣어서 만들어 드리면 반응도 좋다. 인스타 감성을 담으면 알아서 사진 찍어서 SNS에 업로드하니 자동 홍보도 된다.

5. 저자 사인본 준비하기

급하게 강의를 신청하다보면 미처 책을 구입하지 못하는 경우가 있다. 책을 구입했더라도 저자 사인본을 별도로 구입하고 싶어 하는 사람도 있고, 현장에서 바로 구입 후 참여할 수도 있으니 준비하자. 이벤트 선물로 활용도 가능하니 최소 수강생 수만큼 준비하면 좋다.

6. 사진 촬영 및 후기 받기

강연이 끝난 다음 사진을 촬영하고 후기를 받으면 급하게 차 시간 때문에 나가야 하는 경우 인원이 비게 된다. 강연 중간 휴식시간에 사진 촬영하고 후기를 써달라고 미리 안내하자. 온라인과 달리 오프라인은 후기 종이를 주면 대부분 특별히 무언가를 주지 않아도 써준다. 후기 다 쓰고 끝나고 나갈 때 내고 가라고 한 후, 미리 섭외한 도우미가 문 앞에 서서 후기 종이를 걷는 것도 좋다. 혹은 다 쓴 후기는 각자의 자리에 놓고 가시라고 안내하면 된다.

후기를 쓸 종이에 글만 쓰게 하는 게 아니라 빈칸 아래에 '생기면 듣고 싶은 강의', '이런 교육이 있으면 꼭 듣고 싶은 것은?'이라는 질문과 함께 여러 예시를 넣어놓자. 체크된 것을 보고 이어지는 유료강의를 만들 수도 있고, 관심 있는 것과 연관된 유료 강의 홍보문자를 보낼 수도 있다.

7. 유료 강의 신청서 미리 준비하기

오프라인 강의의 묘미는 바로 현장에서 모든 것이 가능하다는 것이다. 온라인에서는 생각할 시간이 주어지지만 오프라인에서는 강의의 열기 그대로 이어서 바로 유료 강의로 올라탈 수 있다. 미리 유료 강의 신청서를 준비해서 오늘 바로 신청하시는 분들에게 혜택을 주자. 비용 혜택이든 여러 강의를 묶어서 듣게 해준다거나 1시간 무료 컨설팅을 해준다거나 수강생들이 혹할 수 있는 것을 주어야 한다. 이때 주의해야 할 것은 정말 찐을 주어야 한다는 것이다. 비용을 늘리기 위해 부풀리지 말고 최고의 것을 주자.

무료강의가 만족스러웠다면 당연히 현장에서 유료 강의 신청이 많을 것이다.

온라인이든 오프라인이든 내게 맞는 방법을 선택하자. 어떤 방법이든 저자 강연은 무조건 진행하자. 찐팬들과 소통할 수 있는 기회다.

비법4

지인찬스!
손품, 발품을 팔아라

책을 내면 보통 지인들에게 많이 알린다. 책 링크를 보내며 "나 책 나왔어! 책 사줘!" 하고 말이다. 그런데 아무리 지인이라고 하더라도 책 나왔다고 그리 쉽게 책을 사줄까? 이상하게 책값이 커피 2잔 정도의 값임에도 잘 사지 않게 된다. 그 가치 이상의 것을 전했을 때 책을 산다. 지인들에게 똑똑하게 책 구입을 요청하는 방법 6가지를 함께 알아보자.

1. 그동안의 감사한 마음을 담아 커피 쿠폰과 함께 링크를 보낸다.

간단한 책의 핵심 줄거리 소개와 함께 책 보면서 커피 마시라고 보내는 것이다. 뇌물을 받았는데 책을 안 살 수가 없다. 감사한 지인이라면 커피 쿠폰 정도는 쉽게 줄 수 있을 것이다. 이게 바로 일타쌍피다. 감사한 마음을 전달하면서 책도 판매하는.

2. 저자 사인본을 보내며 책 구입 해달라고 요청한다.

"안녕하세요. 제가 이번에 책을 썼어요. ○○○에 관한 내용인데 평상시 이 분야에 관심 많으시기에 사인본으로 보내드리려고 해요. 주소 좀 알려주세요."라고 하면서 연락한다. 택배를 보낼 때 젤리나 작은 과자 하나를 넣어 손 편지와 함께 보내자.

"드시면서 읽으세요. 읽어보시고 괜찮으시면 한 권 더 구입해서 주변 지인에게 선물도 해주세요."라고 써보자. '여러 권'이 아니라 '한 권'이다. 저자 사인본과 함께 달콤한 간식을 먹으면 마음이 풀어지면서 한 권이 아니라 여러 권 사서 뿌릴지도 모른다.

3. 꼭 선물이 아니더라도 마음담긴 카톡 편지와 함께 보낸다.

모든 지인에게 선물을 보내면 배보다 배꼽이 커지는 격이 된다. 마음담긴 카톡 편지와 함께 링크를 보내자. 단순히 "저 책 나왔어요. 사주세요." 하면서 링크만 덜렁 보내면 기분만 나빠진다. 그동안 연락을 자주하지 않다가 링크만 달랑 오면 황당할 수 있다. '그래서 뭐 어쩌라는 거지? 내가 왜 사줘야 하지?'라는 반발심이 들 수 있다. 개별적으로 한 명, 한

명 정성 가득 담아 보내자.

아마도 이 방법이 가장 많이 쓰이는 방법이자 효과적인 방법이 될 것이다.

4. 모교에 연락해서 책을 보낸다.

내 첫 책은 20대를 위한 책으로 치과위생사로서 내가 살아온 이야기들이 담겨 있었기에 학생들에게도 도움이 될 것이라 생각했다. 교수님께 직접 택배로 보내고 저자 강연을 하고 싶다는 편지를 썼다. 교수님은 축하한다고 문자를 보내오셨지만 저자 강연을 초청해주지는 않았다.

이후 3권의 책을 쓰고 나서야 그 자리에 설 수 있었다. 교수님의 성향에 따라 달라질 수 있지만 모교에 보내보자. 혹시 아는가? 모교에서 저자강연을 하게 될지.

5. 직접 찾아가서 책을 전달한다.

온라인품에서 발품으로 시선을 돌리자. 아무리 카톡, 이메일, SNS로 쉽게 연락할 수 있다고 하더라도 만나는 것만 못하다. 그만큼 직접 책을 전달한다는 가치가 있다. 영향력이 있는 사람이라면 더더욱 직접 찾아가서 전달하자. 인사도 하고 책도 선물하면서 돈독한 정을 나눈 후 사진도 찍는다. 내 SNS에 올려 기록하자. 유명인이 내 책을 들고 있다면 자연스럽게 내게 관심을 갖게 되고 신뢰를 갖게 되면서 자연스럽게 홍보가 될 것이다.

6. 지인이 운영하는 커뮤니티를 활용한다.

지인 중 크게 커뮤니티를 운영하면서 매일 아침 독서모임을 하는 곳이 있다. 그곳에 CEO들이 많이 모인다고 해서 책 50권을 선물한 적이 있다. 스타트업 기업뿐 아니라 이미 잘되고 있는 기업의 대표들이 많았기에 1인 창업 관련 내 책이 호기심을 불렀고 그 자리에서 대량으로 주문을 받을 수 있었다. 무엇보다 그분들과 인연이 이어져 추후 사업을 하는 데 많은 도움이 되었다.

크지 않더라도 커뮤니티를 운영하는 지인이 있다면 책을 선물해보자. 커뮤니티와 내 책 방향성이 맞다면 저자특강 자리를 마련해보는 것도 좋다.

중요한 건 진심 전달이다. 지인이라고 다 사줄 것이고, 무조건적인 칭찬과 지지를 받을 것이란 생각은 내려놓자. 지인을 활용하라고 했지만 사실 지인이 더 잘 안 산다. "네가 무슨 책을 쓴다고?"라며 비웃음을 당하기도 한다. 가까운 사이일수록 더하다. 가족이라도 마찬가지다.

실제로 나도 "책이라는 게 그 분야에 대해 정통할 때 쓰는 거지. 아직 너는 그 정도는 아니지 않니?", "네가 삶으로 스스로 보여줘야 하는데 네 삶도 팍팍한데 난 별로 진심으로 느껴지지 않네. 내가 책 안 사는 이유 알지?"라는 소리를 들었다. 굉장히 친한 사이였는데 그런 말을 해서 너무 속상했다. 질투인건지, 아니면 정말로 내 평가가 그 정도밖에 안 되는 건지 알 수가 없었다.

　혹시 그렇다고 하더라도 상처받지 말자. 책을 쓰지 않은 사람과 쓴 사람은 엄연히 다르다. 나는 이미 전문가로 자리매김했고, 이 책을 통해 더 크게 성장할 것이다. 그러니 책 한 권, 아니 글 한 번 안 써본 사람이 책상에 앉아 손가락 하나로 내 책을 판단하는 것에 기죽지 말고 과감하게 접자. 지인이 아니라도 괜찮다. 우리에게는 더 넓은 온라인 시장이 있다.

비법5

책 요약본 PDF전자책을
무료로 뿌려라

출판사와 미리 얘기를 하고 책의 앞부분의 일부만 20페이지 정도 요약본으로 만들어 뿌려보자. 1, 2장의 핵심으로 들어가기 바로 전 단계 부분으로 만드는 게 좋다. '그래서 어떻게 하라고?', '핵심이 뭐지?' 하며 더 읽고 싶게 하는 게 포인트다.

원 페이지 홈페이지를 만들어서 신청서를 작성하면 자동으로 이메일로 갈 수 있게 해도 좋고, 인스타나 블로그에 글을 올려 신청서를 작성하면 메일로 일일이 보내 줄 수도 있다. 중요한 건 내 책에 관심을 갖도록 하는 것이다. 책이 나오기 전 미리 맛보기로 볼 수 있게 한 후, 책이 출간되면 등록한 전화번호로 문자를 보내서 책이 나왔다고 하며 예스24나 교보문고 링크를 함께 보낸다. 맛보기 요약본이 마음에 들었던 분들은 당연히 책을 구매할 것이다.

그럼에도 책 구매를 하지 않으면 구매 시 무료로 비법서 소책자를 준다거나 절판된 책 파일을 준다거나 무언가를 준다고 하면 바로 구입하기도 한다. 절판된 책은 쉽게 구할 수 있다. 요즘 무료로 많이 풀고 있으니 그런 것들을 모아서 줄 수도 있다. 혹은 유료급 강의 무료참여권을 주는 것도 좋다. 저자강연회 티켓을 주는 것도 좋겠다. 무엇이든 생각해보자.

요약본은 하나의 미끼상품이다. 주객이 전도되어서는 안 된다. 책 판매량을 늘리기 위한 목적이든, 유료강의 판매가 목적이든, 사람들이 혹할 수 있도록 던져야 한다. 그러기 위해서는 상세페이지 글을 잘 써야 한다. 제목부터 내용까지 후킹이 들어가 줘야 한다.

1. 고객이 원하는 것을 주어라

내가 주고 싶은 것 말고, 고객이 원하는 것이 뭔지 찾아야 한다. 고객의 문제점, 그 문제점을 해결할 수 있는 방법을 줄 수 있다면 그걸 주는 것이다.

간단한 한두 가지 정도 보여주고, 내 책에서 그 방법을 자세히 알 수 있다고 안내한다. 심지어 무료다. 안 받을 이유가 없다.

2. 신청서를 받아라

마케팅 자동화 시스템을 운영하는 곳을 활용해도 좋고, 별도 신청서를 작성하게 해서 고객의 DB를 수집한다. 자동화 시스템을 활용하면 자동으로 메일이 전송될 수 있도록 세팅할 수 있다. 하나하나 수동으로 하지 않아도 되기에 훨씬 편리하다.

구글스프레드 시트로 신청서를 받고 링크를 연동해서 마케팅 자동화 플랫폼 '재피어(https://zapier.com)'에 연결해서 쉽게 이메일 발송 자동화를 할 수 있다. 그렇게 모은 DB를 활용해서 뉴스레터를 꾸준히 보내고 싶다면 '스티비(https://stibee.com/)'를 활용해도 좋다. 스티비는 뉴스레터 플랫폼이다.

이외 여러 자동화 플랫폼들이 있고, 외국 사이트도 있으니 활용해보자. 잘 모르겠다면 구글 신청서나 네이버 신청서를 만들어서 수동으로 보내는 것도 좋다. 중요한 건 DB확보다.

3. 판매루트를 만들어라

나만의 판매루트를 만들자. 홈페이지가 있으면 홈페이지에 결제시스템을 연결하는 게 가장 베스트다. 만약 없고, 만들기 여의치 않다면 스마트 스토어나 유튜브 쇼핑서비스를 활용해보자. 스마트스토어는 누구나 개설이 가능하지만, 유튜브 쇼핑서비스는 구독자가 1,000명 이상으로 유튜브 파트너 프로그램(YPP)가입 채널에 한해서만 오픈이 가능하다. 유튜브 자체 내에 상품을 업로드 하는 게 아니라 카페24 같은 곳에 내 상품과 브랜드를 업로드 후 유튜브와 연동하는 것이다.

스마트스토어는 손쉽게 개설이 가능하지만 개인 판매자인 상태에서 계속 매출이 나오면 가산세 등의 불이익을 받을 수 있다. 거기다 세금계산서 요청을 받았을 때 교부할 수 없고, 매입세액을 공제받을 수도 없다. 결국 판매를 하기 위해서는 사업자가 필요하다. 사업자등록증 발급은 전혀 어렵지 않다. 국세청 홈텍스 사이트 로그인 후 [신청/제출]에서 [사업자등록신청/정정 등]에서 [사업자등록신청(개인)]에 들어가서 상호명과 주소지 등을 입력하면 된다. 사무실이 있으면 임대차 계약서가 필요하고, 그냥 집에서 한다면 집주소를 넣어도 무방하다.

업종코드에서는 '전자상거래'를 입력해서 조회한 후 '전자상거래 소매업' 코드 525101을 선택한다. 이외 서비스 등의 업종을 넣어서 몇 가지 세부적인 코드를 넣을 수 있다. 개업일자는 오늘 날짜, 종업원 없으면 0명, 자기자금과 타인자금은 무자본 창업이기 때문에 굳이 적지 않아도 된다. 처음에는 일반 과세자보다는 간이과세자로 시작하자. 세금혜택을 볼 수 있다.

이렇게 사업자등록증이 나오면 가입한 스마트스토어 판매자센터 관리 페이지로 가서 '사업자 전환' 항목에 들어간다. 사업자등록증 내 상호명과 사업자번호, 업태 등을 기입하고 저장한다. [판매자정보] 탭에서 '구매안전서비스 이용 확인증'을 클릭해서 파일을 저장한 후, 정부24 홈페이지에 가서 [통신판매업 신고-시, 군, 구]에 들어가 사업자 정보를 기입하고 취급하고자 하는 상품 유형을 체크한다. 인터넷 도메인 이름과 서버에는 스마트스토어 URL을 입력하고, '호스트서버 소재지'에 구매안전서비스이용 확인증의 주소를 입력해준다. 구비서류 파일로는 미리 준비한 '구매안전서비스이용확인증' JPG파일을 업로드 한다.

모두 완료되면 며칠 후, 시군구청에서 등록이 완료되었다는 전화나 문자가 온다. 그러면 다시 정부24 홈페이지에 들어가서 발급받은 내용 조회 후 신고증 수령방법을 '온라인발급'이나 '방문 수령' 중 선택한다. 나는 온라인 발급이 편해서 온라인 발급으로 했다. 그러면 파일을 저장할 수 있다.

이제 다 되었으니 다시 스마트스토어로 돌아가서 [판매자정보]-[정보변경 신청]에 들어가서 통신판매업 신고번호를 입력한다. 이제 진짜 끝이다.

복잡해 보이지만 실제로 해보면 그리 어렵지 않다. 일주일 안에 모두 완료할 수 있다. 그동안 상세 페이지를 만들면서 준비하고 있으면 된다. 유료 강의나 컨설팅을 업로드하고 인스타나 블로그에 연결해서 결제로 이어질 수 있도록 하자.

내 책 사인본을 판매하는 것도 좋다. 보통 온라인 서점에서 도서정가제로 10% 할인을 진행하기 때문에 여기서는 정가에 판매한다. 택배비도 발생하다 보니 실제 남는 건 거의 없다. 오히려 택배비로 더 쓸 수 있지만, 사인본을 갖고 싶은 분들을 위한 이벤트로 생각하자.

　무료의 힘은 막강하다. '무료니까 한번 볼까?'라고 슬쩍 발을 담갔는데 콘텐츠가 탄탄하다면 유료로 전환되는 힘은 어마어마하다. 유료상품으로 전환이 설사 잘되지 않더라도 '나'라는 사람을 알리는 데는 크게 한몫한다. 중요한 것은 나를 알리고 브랜딩하기 위함이니 조급함을 내려놓자.

비법6

출판사를
활용하라

출판사는 최고의 파트너다. 무조건 출판사에만 맡겨도 안 되지만 출판사는 무시하고 나 혼자만 열심히 홍보하지도 말자. 출판사도 책이 잘 팔려야 좋다. 좋은 방법이 있다면 적극적으로 공유하자.

SNS를 운영하는 출판사라면 당연히 팔로우하고 내 책 홍보 글이 올라오면 공유하자. 내가 쓴 글보다 출판사에서 올라온 글이 좀 더 사람들에게 신뢰를 줄 수 있다.

출판사는 인쇄뿐 아니라 서점에 진열될 수 있도록 서점에 찾아가서 설명하고 홍보한다. 서점에 가면 가판대에 누워있는 책을 본 적 있을 것이다. 신간은 1~2주간 신간코너 가판대에 오른다. 기한이 지나면 서가에 꽂힌다. 서가란 분야별, ㄱㄴㄷ으로 분류한 책장에 세로로 꽂히는 것을 말한다. 당연히 이렇게 꽂힌 책은 눈에 띄기 힘들다. 판매가 좋은 도서는 베스트 코너나 분야별 카테고리 매대로 옮겨진다. 어떻게 해서든 그곳으로 옮겨져서 오래도록 독자들 눈에 띄도록 하는 게 중요하다.

가판대 중에서도 유독 눈에 띄게 진열되어 있는 책을 본적이 있을 것이다. 그 책은 비용을 지불하고 홍보하는 책이다. 출판사에서 팍팍 밀어주는 것이다. 잘 팔리는 책도 그렇게 세워둔다. 그러니까 자고로 잘 팔리고 봐야 한다.

요즘은 오프라인 서점이 많이 없어져서 교보문고 광화문점 같이 큰 서점만이 남았다. 『1인 창업이 답이다』는 갈라북스 대표가 직접 교보문고 앞에서 직장인들 대상으로 홍보했다. 교보문고에 별도의 비용을 주고 진행한 것이다. 이렇게 적극적으로 지원해주는 출판사를 찾는 게 중요하다. 물론 쉽지 않다. 내가 쓴 글이 요즘 트렌드에 맞으면 적극적인 지원을 받을 수 있을 것이다. 아마도 당시 내 책이 트렌드에 맞고 사람들의 관심을 끌었기에 가능했던 일이라고 생각한다.

책을 내고 활발하게 청년사업을 하는 지인은 출판사에서 지하철 역 안 커다란 기둥에 광고를 실었다. 실로 엄청난 홍보다. 신문광고를 내주는 출판사도 있다. 『1인 창업이 답이다』는 중국 신문에 실리기도 했다. 지인이 사진을 찍어 보내줘서 정말 놀랐던 적이 있다.

꼭 대형 출판사가 아니더라도 소형 출판사도 얼마나 적극적이냐에 따라 달라진다. 모든 것을 출판사에만 맡기지 말고 홍보방안을 생각하고 출판사에 적극 제안해보자.

내가 준비하는 오프라인 강의 말고, 출판사에서 저자강연회를 준비해주기도 한다. 나도 『버킷리스트 3』을 공동으로 쓰고 교보문고 광화문점에서 진행한 저자강연회에 참여한 적이 있다. 첫 책이기도 하고, 저자강연회는 처음이라 정말 많이 떨렸다. 여러 명의 저자들이 함께 강의하는 거라 강연시간은 10분 정도로 짧았지만 임팩트 있게 준비했다. 강연이 끝나고 저자사인회도 진행되었다. 현장에서 책을 구입하면 저자의 사인을 받을 수 있었다. 지인들도 올라와서 축하해주어 너무 고마웠다.

혹시 저자 강연회가 가능한지 출판사에 확인해보자. 꼭 출판사가 아니더라도 직접 교보문고에 다이렉트로 연락해서 확인할 수도 있다. 다만 출판사를 통하면 연락하는 루트를 별도로 찾아야 하는 번거로움을 줄일 수 있다. 저자 강연 시 최소 인원 30명 이상 모집해야 하고 책도 몇십 권 이상 구입해야 한다는 조건이 붙기도 하니 확인해보자.

출판사에서 직접 서평단을 모집해서 홍보하기도 한다. 자체적으로 운영하는 인스타나 블로그에서 모집해서 진행하거나 책 분야에 따라 맘카페나 책 리뷰 카페, 도서 인플루언서를 통해 진행하기도 한다. 내가 직접 하는 것도 좋지만 출판사에서 진행하면 좀 더 권위가 생기기에 출판사를 통한 서평단도 잘 활용하자.

비법7

네이버 인물 등록에
작가로 등록하라

네이버 인물등록은 연예인이나 사업가나 유명한 사람만 가능한 게 아니다. 책 1권만 써도 작가로 등록이 가능하다. 직업, 소속, 경력, 작품, 수상 등 증빙자료를 갖고 있으면 된다. 내 이름을 네이버에 검색하면 책과 함께 상단에 뜰 수 있다. 단, 이름이 흔하거나 동명이인이 많으면 조금 힘들다.

내 이름은 너무 흔해서 동명이인만 72명이다. '작가 이선영'으로 검색해도 무려 6명이나 나온다. 필명으로 이름을 바꿀까도 진지하게 고민도 했지만, 나는 내 이름을 사랑한다. 그저 네이버 검색에서 나온다는 것만으로도 즐겁다.

네이버 인물등록 방법을 알아보자.

1. 네이버에 '인물등록' 검색해서 클릭한다. [인물등록 등록 신청]을 누른다.

2. 인물정보를 입력한다. 이름은 본명을 넣어도 되고 필명으로 등록해도 된다. 운영하는 SNS URL도 여러 개 등록이 가능하다.

3. [직업/소속 입력하기]에 작가 정보를 입력한다. 제1직업, 제2직업으로 분류되는데 1직업에 작가로 등록하고, 2직업에 현재 활동하는 정보를 입력한다. 학력정보는 굳이 넣지 않아도 되고, 경력정보에 꼭 들어갔으면 하는 것이 있다면 넣어준다. 수상정보도 있다면 넣어주자. 작품정보 입력도 모두 한다.

4. 모든 정보를 입력했으면 [인물정보 등록 신청하기] 버튼을 누르면 끝이 난다. 보통 3~7일 이내에 등록이 된다.

네이버 '작가' 인물등록을 했으면 자기만족으로 끝내지 말고, 누군가에게 나를 소개할 때 네이버 검색해서 내 이름이 나온 URL을 보낸다거나 인스타에 등록된 화면을 올려 자랑도 하자.

앞의 비법들을 활용하면서 계속해서 나를 노출시키는 게 중요하다. 사람들은 쉽게 잊는다. 잊히지 않기 위해서 지속적으로 나를 알려야 한다. 한 번에 모든 이벤트를 해서 끝내지 말고, 하나씩 오픈하면서 꾸준히 알리자.

3부

내 책 쉽게 파는 법

책만 나오면 다 된다는 위험한 착각은 버려라. 출판사가 다 해줄 거라는 착각도 내려놓자.

작가도 함께 뛰어야 한다. 우리는 책을 팔아 인세로 돈 버는 게 목적이 아니다. 브랜딩으로 '나를 판매'하는 게 목적이다. 그러려면 결국 마케팅이 필수다.

책이 출간되기 전, 편집 및 수정 작업을 하는 동안 미리 이벤트를 준비하자. 출간되고 나서 허둥지둥 하다보면 황금 같은 시간을 날려버릴 수 있다. 저자강연회도 미리 기획해서 예약판매가 뜨는 순간 바로 홍보할 수 있도록 해야 한다. 정식판매에 대한 기대감과 함께 예약판매에서 판매율을 높일 수 있다. 또한, 저자강연회를 통해 유료 강의 및 컨설팅으로 연결해서 수익화할 수도 있다.

7가지 비법 외에도 활용할 수 있는 모든 루트는 다 활용하자. 책은 나를 알리는 가장 좋은 명함이 되어줄 것이다.

エピローグ

エピローグ

エピローグ

エピローグ

에필로그

무조건 책 써서
브랜딩할 수 있게 머리끄덩이 잡고
끌어드립니다

쓰면 글이 됩니다. 책은 이 글들을 하나의 주제로 모아서 엮어야 만들어집니다. 글은 독자가 읽지 않아도 되지만 책은 독자가 읽지 않으면 무용지물입니다. 그래서 글을 쓰는 사람들은 많지만 책을 쓰는 사람은 적은 것이죠.

많은 사람들이 너도 나도 글쓰기 열풍에 휩쓸려 글쓰기 플랫폼 브런치나 블로그를 통해 자신의 이야기를 기록하고 있습니다. 정말 좋은 현상이라고 생각합니다. 이렇게 많은 사람들이 글로써 자신을 표현한다는 것은 격변하는 시대에 자신을 지키기 위해 꼭 필요하거든요. 앞으로 깊이 있는 사색을 통해 4차 산업혁명의 기계 대 기계에서 사람 대 사람으로의 접점을 지키기 위해서라도 반드시 필요한 분야입니다.

이 열풍에 함께 휩쓸려봅시다. 꾸준히 글을 써보세요. 쓰다 보면 점차 다듬어지고 글 실력이 늘어납니다. 다 쓴 글은 글로서만 끝내지 말고 돈으로 만드세요. 책으로 내서 '인세'를 받을 수 있고, '책 판매금'으로 벌 수 있습니다. 책을 통해 브랜딩을 탄탄하게 하고, 유료 강의나 유료 콘텐츠, 유료 컨설팅으로 연결할 수도 있습니다.

유명한 사람만 글을 쓰는 것이 아닙니다. 글을 써서 자신을 브랜딩해서 성공하는 것이라는 역공식을 잊지 마세요.

지금까지 소비자의 삶을 살아왔다면 생산자의 삶으로 바꿔보세요. 무조건 책을 써서 브랜딩할 수 있게 머리끄덩이 잡고 끌어드리겠습니다. 진실로 응원합니다!